EDITORIAL

„Messen kann man die Tiefe des Flusses und des Meeres, aber nicht die des menschlichen Herzens."

Vietnamesisches Sprichwort

In ihrer jounalistischen Tätigkeit verfolgt die Reisejournalistin und Buchautorin **Martina Miethig** *besonders die aktuellen Entwicklungen in Vietnam und am Mekong.*

Der Schwerpunkt in der Arbeit des Fotojournalisten **Martin Sasse** *liegt auf dem asiatischen Raum. Er ist Preisträger des World Press Photo.*

Liebe Leserinnen, liebe Leser!

Touristikmanager prophezeien Vietnam eine Zukunft mit stark steigenden Touristenzahlen. Schon heute verzeichnet das Land pro Jahr etwa 12 Mio. internationale Besucher. Aus Deutschland reisten 2017 rund 200 000 Menschen an – eine Steigerung in nur wenigen Jahren um etwa 33 %.

Der Zauber Asiens

Wen wundert's angesichts einzigartiger Naturschönheiten wie der geradezu unwirklich erscheinenden Ha-Long-Bucht, wie der traumhaften Halbinsel Mui Ne oder dem Mekongdelta mit seinen unzähligen Wasserarmen und der üppigen Vegetation. Saigon (Ho-Chi-Minh-Stadt) und Hanoi bezaubern mit französischem Charme und typisch vietnamesischem Trubel. Die alte Kaiserstadt Hue, grandiose Tempelanlagen und nicht zuletzt mehr als 3200 km Küstenlinie begeistern jeden Reisenden. Für mich entfaltet Vietnam seinen wahren Zauber jedoch abseits der Touristen- und Urlauberzentren: Auf dem Lande bietet sich ein archaisches Bild. Reisbauern bestellen die Felder, wie sie es schon vor Hunderten von Jahren getan haben, an den Stränden ziehen Fischer die Boote ans Land und flicken ihre Netze, und weit im Norden – nur nach langen Wanderungen erreichbar – leben Bergvölker noch weitgehend unbeeindruckt von den modernen Errungenschaften des 21. Jahrhunderts.

Vietnam ist auf dem Sprung

Die Autorin dieses Bandes, Martina Miethig, die Vietnam seit mehr als 20 Jahren regelmäßig bereist, verrät Ihnen, wo Sie es finden, das „authentische" Vietnam. Sei es beim mehrtägigen Trekking in der spektakulären Bergwelt des Nordens, bei einer Bootstour auf dem Mekong, beim Besuch eines der vielen Schwimmenden Märkte oder auch beim „Homestay" mit Familienanschluss. Fast möchte ich sagen, wo Sie es „noch" finden, denn Vietnam ist auf dem Sprung …
Herzlich

Ihre
Birgit Borowski

Birgit Borowski
Programmleiterin DuMont Bildatlas

32 Mit den Weihrauchschwaden werden die Bitten der Gläubigen zu den höheren Mächten geleitet – in einer Fülle von Tempeln und Pagoden.

22 Zwischen Wolkenkratzern und Tempeln geht Saigon dynamisch seinen Weg in die Modernität.

56 Relikte großartiger Tempelanlagen wie jene von Po Nagar an der südlichen Küste zeugen noch von der Hochkultur des Cham-Volks.

Impressionen

8 Wie auf einer Farbpalette kommen die ersten Eindrücke zusammen: Das Lindgrün der Reisfelder wechselt mit den Neonfarben des nächtlichen Hanoi, leuchtendes Bunt liegt über Märkten und in der Kleidung der Bergvölker.

Saigon und Umgebung

22 **Saigon – auf rasanter Zeitreise**
Die Metropole Ho-Chi-Minh-Stadt ist auf dem Sprung zur Boomtown. Das Verkehrsgetümmel mit seinen unzähligen Mopeds gibt deren Herzschlag vor.

DUMONT THEMA
32 **Buddha und Laotse, Konfuzius & Co.**
Die Religionsgemeinschaften üben sich im toleranten Miteinander, Buddhismus findet seinen Ausdruck neben Taoismus. Eine große Rolle spielt in den meisten Anschauungen die Verehrung der Ahnen.

36 **Straßenkarte, Cityplan**
37 **Infos & Empfehlungen**

Mekongdelta

40 **Flussriese mit Macht**
Der Mekong sorgt im Süden des Landes mit unzähligen Wasserarmen für fruchtbaren Boden – und Überschwemmungen.

DUMONT THEMA
50 **Das Brot Asiens**
Vietnam ist einer der bedeutendsten Reisexporteure weltweit.

52 **Straßenkarte**
53 **Infos & Empfehlungen**

BEST OF ...

UNSERE FAVORITEN

20 **Rooftop-Bars – hoch hinaus!**
Was bietet sich für einen ersten Überblick in einer Metropole wie Saigon oder Hanoi besser an, als ganz entspannt einen Sundowner und die Aussicht von einer Skybar zu genießen!

66 **Tempel und Pagoden – ein religiöses Tohuwabohu**
Man kann leicht den Überblick verlieren angesichts der großen Anzahl an Buddhas, Göttern und Wächtern, die Vietnams Tempel und Pagoden bevölkern. Die stimmungsvollsten Anlagen sollten Sie nicht verpassen.

80 **(Kolonial-)Hotels – auf Zeitreise**
Graham Greenes Vietnam nachspüren? Hotels wie das Continental oder Metropole machen dies auf luxuriöse Weise möglich – schon allein beim „High Tea".

INHALT
4 – 5

108 Die Bergvölker im Norden Vietnams haben sich rasch auf die Besucher aus dem Westen eingestellt ...

Norden

100 **Von Drachen und Schamanen**
Man möchte glauben, dass tatsächlich ein Drache diese faszinierenden Hügelformationen und Grotten in der Ha-Long-Bucht geschaffen hat.

DUMONT THEMA
108 **Neonlicht, Pommes und Nescafé**
Fern der Heimat gelingt es einem abgelegenen Bergdorf, vertraute Gefühle zu wecken ....

112 **Straßenkarte**
113 **Infos & Empfehlungen**

Südliche Küste und Hochland

56 **Vom Strand in die Berge und zurück**
Die Dünen in Mui Ne mag man nur verlassen, da man sonst womöglich imposante Zeugen der Cham-Kultur und andere Strände in der Region auslassen müsste.

68 **Straßenkarte**
69 **Infos & Empfehlungen**

Zentrum

72 **Von einem Juwel zum anderen**
Am besten nimmt man sich zunächst etwas Zeit für den Blick von den Marmorbergen aus – und taucht dann ein in alte Kulturen und lebhafte Städte wie Hoi An mit seiner Altstadt und das Welterbe Hue mit seiner Zitadelle.

82 **Straßenkarte**
83 **Infos & Empfehlungen**

Hanoi und Umgebung

86 **Tradition und Moderne**
Könige und die Kolonialherrschaft prägten die Hauptstadt Vietnams. Heute knattern Mopeds an Tempeln und Villen vorbei. Doch keine Hektik, erst einmal heißt es, sich in die Schlange am Ho-Chi-Minh-Mausoleum einzureihen.

DUMONT THEMA
94 **Sinh oder nicht Sinh – von Fakes und Fälschern**
Kaum eine Marke ist davor sicher, kopiert zu werden; Artikel des täglichen Gebrauchs sind betroffen wie Reiseagenturen.

96 **Straßenkarte, Cityplan**
97 **Infos & Empfehlungen**

Anhang

116 **Service – Daten und Fakten**
121 **Register, Impressum**
122 **Lieferbare Ausgaben**

DuMont Aktiv

Genießen   Erleben   Erfahren

39 **„Good Morning, Saigon"**
Am besten gleich frühmorgens das Yin und Yang ausbalancieren

55 **Nicht ohne Taucherbrille**
... im Ozean vor Phu Quoc

71 **Happy Surfing in Mui Ne**
Gute Winde, herrliche Strände: ab aufs Wasser vor der Palmenkulisse!

85 **Shake the Wok**
... im Kochkurs in Hoi An

99 **Sozial fairer Einkauf**
In Hanoi bewusst shoppen

115 **Auf schwankenden Planken**
Trekking in Vietnams Norden

INHALT
6 – 7

Topziele

Wichtige Ziele in Vietnam für den Besuch in der Natur, für Aktivitäten und Kultur und das Erleben haben wir hier für Sie zusammengestellt. Auf den Infoseiten ist das Highlight jeweils mit **TOPZIEL** *gekennzeichnet.*

NATUR

1 Marmorberge: Traumhafte Höhlen mit ihren Schreinen in gewaltiger Landschaft und ein sagenhaftes Panorama warten in der Nähe von Da Nang. **Seite 84**

2 Ha-Long-Bucht: Die märchenhafte Kulisse aus Kalksteinriesen gehört zum UNESCO-Schatz der Naturwunder. Dschunken und Boote kreuzen in Buchten und vor Höhlen. **Seite 113**

AKTIV

5 Mui Ne: Sandstrände zum Baden und Surfen vom Feinsten – für Anfänger wie Fortgeschrittene. **Seite 69**

6 Sa Pa: Von Dorf zu Dorf, von Homestay zu Homestay – eine Wanderung in den Bergen Nordvietnams wird mit wunderschönen Fotomotiven belohnt. **Seite 113**

KULTUR

7 Saigon: Von der Dong Khoi, über die der Hauch der Kolonialzeit weht, bis zum Jadekaisertempel, in dem über das Schicksal entschieden wird. **Seite 37**

8 Phan Rang: Die Po-Klong-Garai-Türme sind Highlights der Cham-Kultur. **Seite 70**

9 Hoi An: In dem Fischerstädtchen gehört ein Bummel durch die Altstadtgassen für Touristen zum guten Ton. **Seite 83**

10 Hanoi: In der an Tempeln und Pagoden reichen Hauptstadt lassen die Vietnamesen im Theater die Puppen tanzen. **Seite 97**

ERLEBEN

3 Mekongdelta: Mit dem Boot kann man durch Kanäle unter Mangroven oder auch über exotische Schwimmende Märkte schippern. **Seite 53**

4 Ban Don: Auf einem Elefantenrücken schaukelnd durch Vietnams Hochland, von Ban Don oder bei Da Lat – das verschafft völlig neue Eindrücke. **Seite 71**

Konkurrierende Grüntöne

Auf der Fahrt durch Vietnam wird angesichts der Reisfelder, die sich vor allem im Mekongdelta im Süden des Landes erstrecken, schnell die große Bedeutung des Reisanbaus für das Land erkennbar. Mühselig ist die Arbeit in den Feldern und auf den Terrassen – der Besucher aber wird sich an den lindgrünen Nassreisfeldern erfreuen, die zur Erntezeit wie in Gold getaucht wirken.

IMPRESSIONEN
8 – 9

Ein buntes Geschnatter

Was so manchem Tierfreund ein trockenes Schlucken entlocken mag, ist auf Märkten wie in Can Duoc im Mekongdelta Alltag. Federvieh hockt bei den Händlerinnen auf dem Bordstein, der Verkauf vollzieht sich unter heftigem Geschnatter und Geplauder.

Aus dunklem Holz

Verharrt man einige Minuten vor der Pagode im ruhigen See, so kann man den Charme dieses Ensembles auf sich wirken lassen, das es sich trotz Um- und Anbauten bewahrt hat. Die hölzerne Einsäulenpagode (Chua Mot Cot) in Hanoi soll eine Lotosblüte wiedergeben. Sie ist Quan Am, der Göttin der Barmherzigkeit, gewidmet.

Im tiefen Violett der Nacht

Grandios ist der Blick über das nächtliche Hanoi – die Skyline am Truc-Bach-See scheint genau dafür illuminiert zu sein. Und so wandern die Augen über das Viertel mit den Villen der Stadt, schicken Hotels und Boutiquen, Cafés und Clubs. Das Gewässer, in dem sich die Farben spiegeln, ist ein Teil des Westsees, abgetrennt durch einen Damm. Es heißt, dass einst Konkubinen der Kaiser hierher gebracht wurden, um weiße Seide (truc bach) zu spinnen.

Leuchtende Stoffe

Faszinierend und eher ungewohnt für europäische Augen: die Farbenpracht, die die Kleidung der Bergvölker des Nordens aufweist. Blumen-Hmong auf dem Markt in Cau Cau, nördlich von Sa Pa gelegen, bieten englisch und französisch sprechend schönste leuchtend bunte Stoffe an – wer könnte dem Kauf widerstehen?

IMPRESSIONEN
16 – 17

Smaragdgrünes Wunder

Wie ein Jurassic Park – rund 2000 Inselberge erheben sich aus dem smaragdgrünen Wasser der Ha-Long-Bucht wie Meeresungetüme. Dschunken und Ausflugsboote tummeln sich zuhauf auf dem Wasser, Badelustige am Strand. Wie auf Ti Tov (unten im Bild), benannt nach dem russischen Astronauten Germane Titov, der die Insel 1962 mit Ho Chi Minh besuchte.

UNSERE FAVORITEN

Die besten Rooftop-Bars

Hoch hinaus über die Stadt!

Auch die Vietnamesen haben ihre luftigen „Skybars" in schwindelnder Höhe – Saigon, Hanoi und Da Nang präsentieren sich aus der Vogelperspektive fernab vom wuseligen Alltag samt unaufhörlichem Gehupe und Verkehrschaos. Die Bars und Clubs sind immer gut, um sich einen ersten Überblick zu verschaffen – oder für einen Sundowner!

1 Saigon Sky Deck Bitexco

Das Saigoner Sky Deck gehört mittlerweile zum Sightseeing, denn höher hinaus geht es in Vietnam (noch) nicht: Unübersehbar überragt der futuristische Bitexco Financial Tower den ersten Bezirk – bei seiner Eröffnung 2010 war er der erste echte Wolkenkratzer Vietnams! 68 Etagen mit Restaurants, Bars und Shoppingcenter mit internationalen Läden auf 265 Meter Höhe, sogar mit Hubschrauberlandeplatz. Das Observation Deck in der 49. Etage kostet Eintritt – man kann aber auch gleich ins Café (50. St.), in die Bar oder ins Restaurant (beides im 51. Stock) hochfahren; die Preise für Bier, Cocktail oder Cappuccino sind allerdings gesalzen, und der Ausblick ist ebenso hinter Glas.

36 Ho Tung Mau, Saigon, 1. Bezirk Saigon, www.bitexcofinancialtower.com, Tel. (Hotline): 08 39 15 61 5; Eon 51 Sky Dining Restaurant (51. Stock): Tel. 02 8 62 91 87 51, www.eon51.com; Eon Heli Bar (50. Stock): Tel. 02 8 62 91 87 52, ab 13.00 Uhr; Skydeck (49. Etage): Tel. 02 8 39 15 61 56, tgl. 9.30–21.30 Uhr; 200 000 VND/ca. 8 € (Kids 4 – 12 Jahre: 130 000 VND)

2 Chill Skybar

Hip, hipper, am hippesten: Im 23. Stock des AB Tower trifft sich die Schickeria Saigons bei Cocktails und Schampus. Hier geht es hoch her, preislich wie stilistisch: Abends lässt man (und frau) die Flipflops und Shorts am besten im Hotel, denn in der Chill SaiGon Skybar & Restaurant zählt: „dress to impress!". Also High Heels und Pumps ausgepackt, dann kann man Saigon aus der Vogelperspektive genießen (oder man muss die Leih-Pumps überstreifen). Der Blick schweift von der Open-Air-Veranda über die jedes Jahr stärker glitzernde Metropole – das 360-Grad-Panorama entschädigt für die exorbitanten Preise. Hier lohnt die Happy Hour mit 50 Prozent Nachlass (Reservierung empfohlen) …

76 Le Lai (gegenüber dem Park Cong Vien 23 Thang 9, nahe Pham Ngu Lao), Saigon, 1. Bezirk, Tel. 09 3 8 82 28 38, www.chillsaigon.com, tgl. 17.30 – 1.00 Uhr, Happy Hour tgl. 17.30 – 20.00 Uhr

UNSERE FAVORITEN
20 – 21

3 Level 23

Wie wäre es zum Start ins Nachtleben Saigons mit einem Shiraz oder einem Sundowner im 23. Stock des Sheraton Tower: In der (teuren) Level 23 Wine Bar & Nightspot kann man in gepflegtem Ambiente eine große Auswahl an Weinen probieren, den unaufdringlichen Lounge-Klängen lauschen und eine Abkühlung durch die abendliche Brise genießen. Nachts funkelt die Stadt und die Lichterspiele an den Hochhäusern im 180-Grad-Panorama. Mister Vu serviert den dritten Cocktail – und die Welt ist in Ordnung. Nun kann es in den Nightclub nebenan gehen, wo Livebands oder DJs für Stimmung sorgen.

88 Dong Khoi, Saigon, 1. Bezirk, Tel. 02 8 38 27 28 28, www.level23saigon.com, tgl. ab 12.00 Uhr

4 Sky36

Den schönsten Blick über die Hafenstadt Da Nang hat man von der futuristisch-illuminierten Bar des Novotels: Das Sky36 begeistert mit einer Superaussicht aus der 35. bis 37. Etage – derzeit eine der höchsten Bars samt Nachtclub in Vietnam! Flipflops müssen draußen bleiben (oder man bekommt einige Leihschuhe zur Auswahl ...) – hier wird sich schick gemacht, vor allem am Wochenende und bei den Themenpartys. Die Musik ist laut, die osteuropäischen Go-gos schwingen die Hüften, die Drinks haben es in sich, die Preise sind okay. Wer älter als 20 ist, könnte sich hier oben aber fehl am Platz fühlen ...

Bach Dang (Uferpromenade), im Novotel Da Nang, Da Nang, Tel. 09 0 1 15 15 36, www.sky36.vn, tgl. ab 19.00 Uhr

5 Summit Lounge

Wikingerflair trifft Shabby, Weitblick garantiert: Die schicke Bar Summit Lounge thront unübersehbar im 20. Stock des Sofitel Plaza Hanoi mit 1-A-Panorama über den Westsee. Hier kann man's sich im Korbsessel oder auch auf dem Lounge-Sofa zu zweit bequem machen, dem Sonnenuntergang über dem See zuschauen, bis die Kulisse zu glitzern beginnt – Open Air mit lauer Brise, abseits jeglichen Trubels, auch die Huperei schallt nur von Ferne herauf und scheint am Plexiglas abzuprallen. Das Bier ist gut gekühlt, die erfrischenden Cocktails und die Preise stimmen auch (natürlich wird die himmlische Aussicht mitbezahlt ...). Bei Regen kann man in die stilvolle klimatisierte Bar ausweichen.

1 Thanh Nien, Hanoi, Bezirk Westsee, Tel. 02 4 38 23 88 88, www.sofitel.com, tgl. 16.00 – 24.00 Uhr

Saigon – auf rasanter Zeitreise

Saigon ist auf dem Zeitsprung ins 21. Jahrhundert – zwischen verrauchten Tempeloasen, Wolkenkratzern und Millionen hupenden Motorrollern, die sich, kleinen Schlachtschiffen gleich, erbarmungslos ihren Weg durch das Verkehrsgetümmel bahnen. Wurden in der Vergangenheit Schlachten mit den Chinesen, dann den Franzosen, Japanern und Amerikanern ausgetragen, so kommen heute alle gleichzeitig und in friedlicher Mission: in Shorts und Badelatschen.

Der Balkon im Hotel Rex gewährt einen schönen Blick aufs Rathaus der Stadt – und bietet sich für eine Pause bei der Besichtigungstour an.

Das Stadtleben im Blick: Scheibenflache Hochhäuser,
Mopeds zuhauf, Geschäfte und Cafés ...

... und Bauten der Kolonialzeit, wie die Kathedrale Notre-Dame, die weiterhin
den ansprechenden Hintergrund für romantische Augenblicke liefern.

SAIGON UND UMGEBUNG

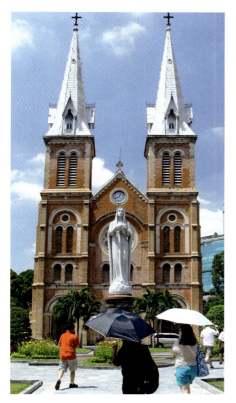

Mancher stattet zuerst der Kathedrale Notre-Dame einen Besuch ab, ...

.... ehe er sich ins Leben auf der Dong Khoi, dem Flanierboulevard Saigons, stürzt – per Rikscha oder zu Fuß, am Hotel Continental vorbei.

> „... dann wurden sie im Flugzeug ... über das jüngste Kampfgelände geführt und schließlich sicher und geräuschvoll, wie nach einem Schulausflug, wieder vor dem Hotel Continental in Saigon abgesetzt."
>
> Graham Greene, Der stille Amerikaner

Einer dieser drückenden Monsuntage zu Beginn der 1950er-Jahre: Auf der Veranda des Continental sitzen die Gäste bei High Tea und Gebäck, lassen die Rikschas und das vietnamesisch-französische Leben auf der Rue Catinat an sich vorbeiziehen und bewundern die anmutigen Frauen in ihren langen, seitlich geschlitzten Ao-Dai-Hosenanzügen. Die Kolonialbeamten und Plantagenbesitzer diskutieren die neuesten Ereignisse im Indochina-Krieg, im Norden, wo die aufständischen Kommunisten, die Vietminh, der französischen Armee zu schaffen machen. Auf dieser Veranda trifft der zynische britische Journalist Thomas Fowler auf den jungen CIA-Agenten Aldon Pyle, der sich schließlich in sein Mädchen Phuong verliebt.

Spurensuche ...

Kriegskorrespondent Grahame Greene schrieb zwischen 1952 und 1955 den berühmtesten und weitsichtigsten Vietnam-Roman – „Der stille Amerikaner" –, denn er sagte die immer weiter gehende Einmischung der Amerikaner in den alten Kolonialkrieg wie in einer bösen Ahnung voraus. Greene wohnte in Zimmer 214 im ältesten Hotel Saigons mit Blick auf den Lam-Son-Platz und das Opernhaus. Zwar gibt es noch viele Roman-Schauplätze wie die alte Post, die Kathedrale, das Rathaus und das Majestic am flussnahen Ende der Flanierallee, die sich heute wieder Dong Khoi nennt, doch wer auf den Spuren Graham Greenes durch die Stadt pilgert, könnte desillusioniert sein: Heute ducken sich die kolonialen Fassaden im Schatten von Hochhaustürmen, ein Luxusgeschäft reiht sich an das nächste – von Armani bis Versace –, und es bleibt fraglich, wie lange die letzten vietnamesischen Läden, Schneider und Galerien die horrenden Mieten noch zahlen können. Das echte Vietnam ist zumindest in dieser Straße schon längst auf dem Rückzug.

Im Reich des Jadekaisers

Hinter der unauffälligen Fassade eines Flachbaus öffnet sich des Jadekaisers Reich, der farbensprühendste und wichtigste Tempel Saigons mit der wohl größten Dichte an Heiligen auf Erden. Die reinste Götter-Geisterbahn, düster und gespenstisch. Dem Unkundigen wird ganz schwindelig vor lauter Erd-, Regen- und Fruchtbarkeitsgöttern, den Göttern der Polarsterne, dem in weiße Seide gehüllten Gott der Finanzen und ganzen fünf Buddhas aus drei verschiedenen Generationen. Hier hat Laotse, der Schöpfer dieses taoistischen Universums, nicht mit Superlativen gespart. Beim Höllenrichter Than Hoang war-

Im Jadekaisertempel beherrscht den Seitenraum links des Altars der grimmig blickende Höllenfürst Thang Hoang.

Am Äußeren des Jadekaisertempels lässt sich kaum erahnen, welche Fülle an Gottheiten und Gestalten den Besucher im Innern erwarten.

SAIGON UND UMGEBUNG

Fast wie in Hypnose mag mancher Fremde vor den psychedelisch-kreisenden Neonspiralen und dem Rauch der Opferkerzen erstarren.

Der Jadekaiser (links) entscheidet, flankiert von seinen Wächtern und Schülern, über gute und böse Taten – für manchen führt der nächste Schritt dann geradewegs in die Hölle.

ten auf den Sünder nicht eine, sondern zehn Höllen! Trotz des göttlichen Chaos mit nicht weniger als fünf Himmelsrichtungen (die Mitte inklusive) weiß jeder Vietnamese genau, an welchem Schrein die Weintrauben und Drachenfrüchte niederzulegen sind, wo der Obolus am lohnendsten in die Spendenbox klimpert, wenn ein gutes Geschäft oder ein Kind gemacht werden soll. Als Antwort dröhnt der Paukenschlag des Tempeldieners. Mit zugekniffenen Augen glaubt schließlich auch der Fremde durch den Weihrauchnebel zu sehen, wie das Oberhaupt im volkstaoistischen Götter-Pantheon auf dem Hauptschrein in seinem „Buch des Schicksals" blättert, um über Leben und Tod, Sieg und Niederlage der Untertanen zu entscheiden – äußer-

Jeder Vietnamese weiß genau, an welchen Schrein er Weintrauben und Drachenfrüchte legen muss.

lich ganz der gutmütig grinsende Weihnachtsmann aus Pappmaché.

„No more war!"
Bis Ende der 1990er-Jahre hieß das Kriegsrestemuseum noch „Museum der amerikanischen Kriegsverbrechen". Doch dann kam der US-Dollar zurück nach Vietnam, und die Vietnamesen sind geschäftstüchtige Menschen, die aller Welt vergeben und erst recht niemanden beleidigen wollen.

Bilder und Zahlen sprechen ohnehin schon für sich: 7,5 Mio. Tonnen Bomben beim Luftkrieg, die gleiche Menge am Boden – mehr als dreimal so viel wie im Zweiten Weltkrieg. Geschätzte 3,5 Mio. Tote von 1964 bis 1975 (die meisten Vietnamesen), 10 Mio. Flüchtlinge. In keinem anderen Krieg hatte die bis dahin unzensierte Berichterstattung in den Medien eine derart durchschlagende

Beim Blick auf den Bitexco Financial Tower offenbart sich Vietnam als „Tiger" auf dem Sprung: Für Cyclos und Stätten, die noch Graham Greene aufsuchte, wird in der Megacity wohl bald kein Platz mehr sein.

Propagandanostalgie fürs Wohnzimmer: Souvenirshop in Saigon

Die Travellerszene findet sich im Viertel Pham Ngu Lao, auch mal in der Sportsbar.

Special

Vietcong-Tunnel in Cu Chi

Leben unter der Erde

Die berühmt-berüchtigten Vietcong-Tunnel von Cu Chi dienen heute als touristischer Rummelplatz mit Souvenirbuden und Schießstand sowie als Gedenkstätte.

Eine feucht-schwüle Barriere stoppt viele Cu-Chi-Besucher schon nach wenigen Metern bei dem Versuch, in einen winzigen Teil des 250 Kilometer langen Tunnelsystems vorzudringen. Es ist stickig und dunkel. Manche Stellen sind auch in dem auf 1,20 Meter erweiterten Touristentunnel so eng, dass man nur auf dem Bauch weiterkommt.

Bis zu 16 000 Partisanen lebten bei Kriegsende in drei Etagen in bis zu zehn Meter Tiefe unter der Erde. Die Belüftung war über unauffällige Bambusrohre gewährleistet, der Rauch aus den Kochecken wurde kilometerweit umgeleitet, um keine Spuren zu legen und sich dadurch zu verraten.

Es gab Schlaf- und Versammlungsräume, Krankenstationen mit Opera-

Touristengemäß hergerichtetes Tunnelsystem

tionstischen im Schein der Öllampen, Küchen, Gebetsräume mit Schreinen, Werkstätten sowie Lager- und Bombenschutzräume. 12 000 Vietcong sind im Vietnamkrieg in den Tunneln ums Leben gekommen. Was für die Vietnamesen eine Erinnerung an den Widerstand und die Toten ist, ist für die meisten Touristen eine Attraktion, die diesen Krieg noch Jahrzehnte später spür- und erlebbar macht – wenigstens für fünf Minuten.

Wirkung: etwa zum Tet-Fest am 31. Januar 1968, als TV-Bilder einige Vietcong auf dem Gelände der US-Botschaft in Saigon zeigten. Sie straften die seit Jahren übertriebenen US-amerikanischen Erfolgsmeldungen über das nahe Kriegsende Lügen. Ein Schock für die Amerikaner. Und die Wende: David war auf dem besten Weg, mit Guerillataktik, Tretminen und Sabotage erneut einen Goliath und dessen Panzer, Bomben und Giftgase zu besiegen.

Die Macht der Fotos

Ebenjene Fotos (größtenteils von US-amerikanischen Fotografen wie Eddie Adams) waren es, die dabei halfen: etwa im Jahr 1968 bei der Berichterstattung über das My-Lai-Massaker an 504 Dorfbewohnern – Alte, Frauen, Babys. Oder das Mädchen Kim Phuc aus Trang Bang, das 1972 napalmverbrannt, nackt und schreiend auf den später preisgekrönten (aus dem südlichen Mekong-Delta stammenden) Fotografen Nick Ut zurennt. Vietcong-Soldaten, die an den Füßen hinter Panzern hergeschleift oder aus Hubschraubern geworfen werden. Museumsführerin Frau Thuyet begleitet gelegentlich US-amerikanische Veteranen durch die Räume. „Viele sind überwältigt von ihren Gefühlen und kämpfen angesichts der Bilder mit den Tränen."

Ob Ben-Tanh-Markt im ersten Bezirk oder Binh-Tay-Markt in Cholon – hier wird Handel getrieben, und Einheimische wie Touristen stöbern an den Ständen und feilschen um den besten Preis.

Die Kaufkraft der ins Land strömenden Touristen ist ein bedeutender Wirtschaftsfaktor: Davon profitieren auch Arts and Crafts Center wie in Cholon.

Touristikmanager prophezeien Vietnam eine Zukunft als eine der am stärksten wachsenden Destinationen weltweit – mit Massentourismus aus ganz Asien.

Aufbruch in die Moderne

Die Tage der Rikschafahrer auf ihren dreirädrigen Cyclos („Xich lo") sind längst gezählt in einer Stadt auf ihrem rasanten Wandel in eine asiatische Wolkenkratzer-Metropole, eine dieser Megacities mit sechs, sieben, neun oder mehr Millionen Bewohnern. Vier Millionen Mofas soll es in Saigon geben. Bürgersteige sind reine „Parksteige". Einziger Lichtblick: Bis zum Jahr 2020/2021 soll ein Streckennetz der U-Bahn mit einer Gesamtlänge von 21 Kilometern von Siemens fertiggestellt sein.

Vietnam gilt nicht ohne Grund als Tiger(staat) auf dem Sprung. 2012 wurde es zum weltgrößten Produzenten von schwarzem Pfeffer und Kaffee. Reis, Cashewnüsse, Tee, Pangasius, Kautschuk, Textilien und Schuhe gehören zu den Exportschlagern. Mit einem geschätzten Jahreseinkommen von ca. 2200 US-Dollar pro Kopf zählt es laut Auswärtigem Amt zu den „Ländern mit mittlerem Einkommen". Bis 2020 will Vietnam den Status eines Industrielandes erreichen.

Vor einigen Jahren lag einer Umfrage nach dem beliebtesten Vorbild zufolge nicht etwa der jahrzehntelang hochverehrte Landesvater Ho Chi Minh auf Platz eins, nein: Microsoft-Gründer Bill Gates! Kein Wunder, denn zwei Drittel der Vietnamesen sind unter 35 Jahre als, und sie kennen das Kriegsgeschehen nur aus den Geschichtsbüchern. „Profit" gehört zum Vokabular der Saigoner Jugendlichen genauso wie Mobilephone, Facebook und Reisen.

Touristenboom

Einer der Hauptdevisenbringer des Landes sind die etwa 12 Mio. Touristen – kann Vietnam doch allein mit 3200 Kilometern Küste punkten. Touristikmanager prophezeien Vietnam eine Zukunft als eine der am stärksten wachsenden Destinationen weltweit – mit Massentourismus aus ganz Asien. An erster Stelle steht Saigon – und heute schon eine Million Chinesen, die so wie einst unter den Mongolen noch immer in Truppenstärke einreisen. Im Tourismus wird geklotzt – mit wenig Rücksicht auf Nachhaltigkeit und Naturschutz.

Wie skurril war die Stadt doch dagegen in den frühen 1990er-Jahren: als um Mitternacht ein Polizist auf Passkontrolle an der Tür im Minihotel klopfte oder die Politpropaganda erbarmungslos aus den Straßenlautsprechern schallte – morgens um fünf! Heute können Touristen in Saigons erstem Bezirk alle hundert Meter einen halbwegs echten Cappuccino in gestylten Cafés genießen. Und im Travellerbezirk rund um die Pham Ngu Lao gibt es selbst Dönerkebab.

DUMONT THEMA

RELIGION UND RELIGIONSGRÜNDER

Buddha und Laotse, Konfuzius & Co.

Vietnams Tempel und Pagoden geben sich als weihrauchverqualmte, paukentönende Welt in Rot und Blattgold – Buddhismus, Taoismus und weitere religiöse Anschauungen existieren hier im toleranten Miteinander.

Der beeindruckende Hauptaltar in der Giac-Lam-Pagode verhilft unwillkürlich zu einem Moment der Stille.

Immerhin rund tausend Gotteshäuser gibt es in Saigon, davon allein 180 in Chinatown. Anders als in den stark buddhistisch geprägten Nachbarländern Laos und Kambodscha herrscht in der Stadt auf den ersten Blick ein großes Durcheinander der religiösen und animistischen Auffassungen. Doch es handelt sich dabei eher um ein Miteinander in großer Toleranz.

„Konfuzius sagt ..."

Am weitesten verbreitet als Gesellschaftsphilosophie ist der Konfuzianismus: Konfuzius (um 551 v. Chr. geboren) steht für das streng hierarchische Miteinander, die Rangfolge der Lebenden im Hier und Jetzt, zu Zeiten der Könige wie unter den Kommunisten. Jüngere ordnen sich den Älteren unter, ebenso Frauen den Männern und die Untertanen ihrem Herrscher.

Von großer Bedeutung ist die Ahnenverehrung. Ob die Vietnamesen gläubige Katholiken sind oder, wie die meisten, auf Erlösung hoffende Buddhisten – fast überall steht zu Hause ein Ahnenaltar. Für einen Vietnamesen ist es kein Problem, gleichzeitig Buddhist und Christ zu sein. Damit die Geisterseele aber nicht zum bettelnden Poltergeist mutiert, spendieren die Hinterbliebenen nicht nur an Feier- und Todestagen Reis, Gemüse und Suppen und verbrennen kleine Pappgeschenke: ganze Puppenhäuschen, Autos, Papiergeld, Hüte und Schuhe, was man eben im Jenseits so gebrauchen könnte.

Am meisten qualmt es aus den Höfen der alten chinesisch-taoistischen Heiligtümer in Cholon, dem alten Chinatown. Zum Beispiel im himmlisch-schönen Tempel von Thien Hau, der Göttin des Meeres: In riesigen Gebilden hängen hier die Sandelholzspiralen von der Decke, deren Rauch die Wünsche an die Götter transportiert.

Zwischen Yin und Yang

Laotse, der Begründer des Taoismus, ist keine historisch nachweisbare Person, aber er ist bis heute zuständig für Harmonie im Alltag entsprechend seiner esoterisch-mystischen Naturlehre. Seine wichtigsten Symbole sind das Yin- und Yang-Zeichen (als

Quan Am, die Göttin der Barmherzigkeit, weist in der Giac-Lam-Pagode in Saigon den „edlen achtfachen Pfad" zur Erleuchtung.

Ob klein in großer Mission im Tempel oder vor dem Hausaltar wie die Anhängerin der Cao-Dai-Sekte: Räucherstäbchen vermögen von überallher die Bitten an die Götter zu übermitteln.

Fakten

Wichtige Tempel, Tempelanlagen und Pagoden in Vietnam (Auswahl):
Can Tho: Munirangsyaram-Tempel (Khmer)
Hanoi: Bach-Ma-Tempel, Chua Mot Cot (Einsäulenpagode), Jadeberg-Tempel, Chua Tran Quoc
Hanoi, Umgebung: But-Thap-Pagode, Chua Huong
Hue: Thien-Mu-Pagode
Nha Trang: Long-Son-Pagode, Po Nagar
Nui Sam: Tempel der Chua Xu
Saigon: Giac-Lam-Pagode, Jadekaisertempel, Thien Hau
Tay Ninh: Cao-Dai-Tempel

Siehe auch „Unsere Favoriten: Die stimmungsvollsten Tempel und Pagoden", S. 66/67

weibliches und männliches Ur-Element). Von größter Bedeutung ist der Jadekaiser Ngoc Hoang als oberster Weltenherrscher.

Auf dem Weg zur Erleuchtung
Immer wieder begegnet man in den Tempeln und Pagoden schließlich Buddha, der über eine womögliche Wiedergeburt wacht. Je nach Generosität und Karma hat jeder Sterbliche eine zweite Chance – Buddha soll sogar 500 Leben gehabt haben, ehe er die endgültige Erlösung im Nirwana fand.

Im Buddhismus unterscheiden sich zwei Grundrichtungen: die Theravada- (auch: Hinayana-) Buddhisten und die Mahayana-Buddhisten; Letztere vertreten die Anschauung, die in Vietnam vorherrscht. Beide suchen ihre Erlösung und Vollkommenheit vor allem durch grenzenlose Geduld, Mitgefühl und Toleranz gegenüber allen Lebewesen.

Buddhas und Bodhisattvas
Verwirrend in Vietnam ist die Darstellung von meist fünf Buddhas aus drei verschiedenen Generationen beziehungsweise in drei Erscheinungsformen: Der Shakyamuni (vietnamesisch: Thich Ca) ist der Buddha der Gegenwart und steht für den historischen Buddha und indischen Prinzen Siddharta Gautama (vermutlich 563 bis 483 v. Chr.). Meist sieht man ihn in Meditationspose auf einem Lotosthron sitzend oder auch als Kind mit himmelwärts weisendem Finger. Der Amitabha (A Di Da) ist der Buddha der Vergangenheit und des „unermesslichen Lichts", der in Vietnam meist stehend in der segnenden Position dargestellt ist. Der Dritte im Bunde ist Maitreya (Di Lac), der meist schelmisch lachende und dicke Buddha der Zukunft.

Die Bodhisattvas, erleuchtete Wesen, weisen im Mahayana-Buddhismus auf der Erde anderen den „edlen achtfachen Pfad" zur Erleuchtung, wie auch Quan Am (Abb. S. 33).

Im Zentrum der buddhistischen Gemeinde, in der Vinh-Nghiem-Pagode, bitten Mönche für die Seele eines Verstorbenen.

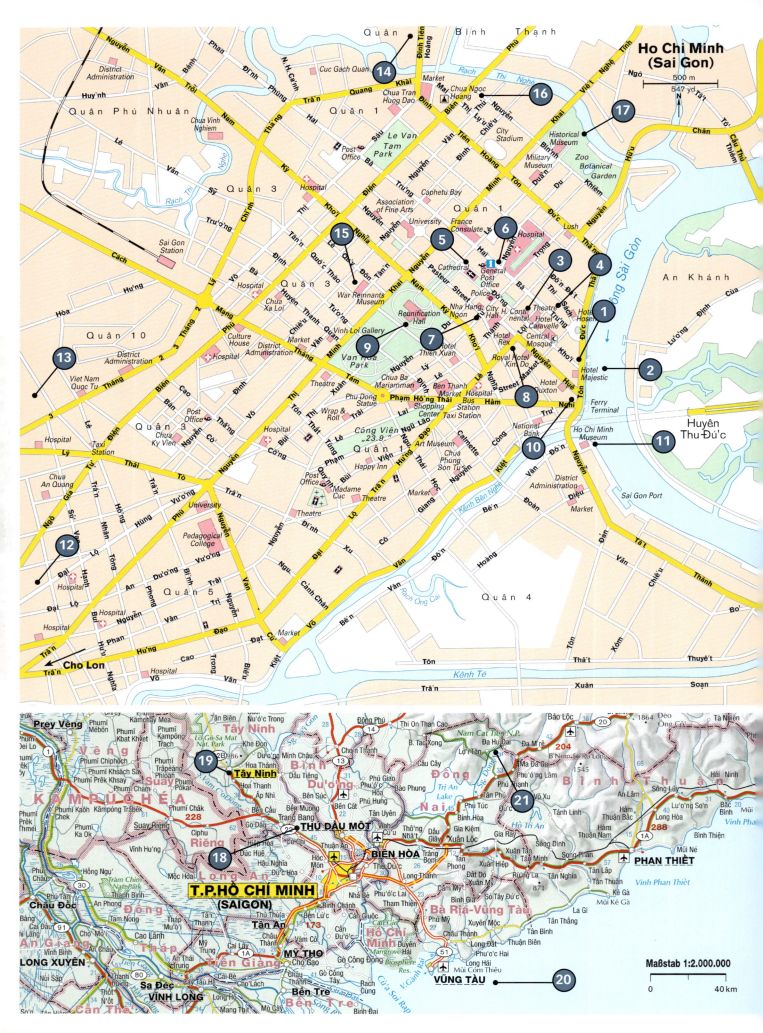

INFOS & EMPFEHLUNGEN　　　　　　　　　　　　　　　　　　　　　　　　　　　　SAIGON UND UMGEBUNG

Saigon-Sightseeing – ein Rausch der Sinne

Die koloniale Vergangenheit mit ihren prächtigen Bauwerken, der Vietnamkrieg in drastischen Museumsbildern, trubelige Märkte in Chinatown und die futuristischen, himmelstürmenden Gebäude der Neuzeit – Saigon (ca. 7 Mio. Einw.) zu durchstreifen, ist wie eine Zeitreise durch weltbewegende Epochen zu unternehmen.

❶ – ❼ Saigon

In der boomenden Stadt am gleichnamigen Fluss ist der französische Einfluss unverkennbar. Mit der Machtübernahme der Kommunisten 1975 veränderte sich das Bild, viele Betriebe und Läden schlossen. Seither heißt die Stadt samt ihrem Großraum **Ho-Chi-Minh-Stadt** (vietnamesisch: Thanh Pho Ho Chi Minh).

SEHENSWERT: IM ZENTRUM ...

Erstes Ziel aller Besucher ist die ❶ **Dong Khoi** TOPZIEL, ehemals Rue Catinat im einst französischen Stadtkern (1. Bezirk), eine elegante Allee, an der sich viele koloniale Bauwerke und Attraktionen, Hotels, Lokale und teure Geschäfte aneinanderreihen: Gleich am Saigon-Fluss und seiner Uferpromenade Bach Dang liegt das ❷ **Hotel Majestic** (1925 eröffnet, s. Hotels) und 500 Meter weiter das legendäre ❸ **Continental Hotel,** in dem Graham Greene seinen Vietnam-Klassiker „Der stille Amerikaner" spielen ließ (132 – 143 Dong Khoi, s. S. 80).
Gleich daneben, am Lam-Son-Platz, erhebt sich das 1899 erbaute ❹ **Stadttheater,** damals Opernhaus – heute finden hier Opern, Ballett, Popkonzerte, Folkloreshows und Modenschauen statt (Programm: www.hbso.org.vn). Von hier sieht man schon am Ende der Dong Khoi die ❺ **Kathedrale Notre-Dame** mit ihren beiden quadratischen Türmen, die 1877 bis 1883 als neoromanisches Gotteshaus erbaut wurde und heute oft vietnamesischen Hochzeitspärchen als Fotohintergrund dient. Rechts davon erhebt sich das koloniale ❻ **Hauptpostamt** (1886 – 1891) mit seiner gusseisernen Deckenkonstruktion von Gustave Eiffel, auch schöne Telefonzellen mit Weltzeituhren gibt es hier (tgl. 7.00 – 20.00 Uhr).
Nur einige Hundert Meter entfernt liegt das fotogene, verschnörkelte ❼ **Rathaus** am Ende des Boulevards Nguyen Hue, das 1901–1908 ebenfalls von den Franzosen erbaut wurde – man kann es leider nur von außen mitsamt seinen Säulen und Ziergiebel bewundern. Das ❽ **Hotel Rex** ist an der Ecke zur Le Loi an der goldenen Krone auf dem Dach zu erkennen. Die kommunistischen Nordvietnamesen unter

Freundlicher Page vor dem Hotel Continental, interessierte Touristen im Souvenirshop. Spendenquittungen im Tempel wirken fast dekorativ.

ihrem Revolutionsführer Ho Chi Minh haben den Landessüden 1975 erobert und das Land wieder vereinigt – davon zeugt die ❾ **Wiedervereinigungshalle** (auch: Palast der Einheit), bis 1975 Präsidentenwohnsitz: Heute sind die Konferenzsäle, Empfangsräume für Botschafter, Bankettsäle, Wohngemächer, ein kleines Privatkino und der Fluchttunnel im Keller zu besichtigen (135 Nam Ky Khoi Nghia, www.ditich.dinhdoclap.gov.vn, tgl. 7.30 – 11.00 und 13.00 – 16.00 Uhr).
Einen Zeitsprung verheißt der erste echte Wolkenkratzer Vietnams, entworfen von Carlos Zapata Studio, New York, und dem französischen Büro AREP: der futuristische ❿ **Bitexco Financial Tower,** der eine wunderbare Aussicht gewährt (s. S. 20/21).
Wichtigstes Heiligtum in Saigon ist der 1906 geweihte ⓰ **Jadekaisertempel (Chua Ngoc Hoang)** TOPZIEL, in dem der Weltenherrscher Ngoc Hoang „residiert" – eine ca. zwei Meter hohe farbenprächtige Figur aus Pappmaché, daneben finden sich in dem Tempel u. a. mythologische Helden und Bodhisattvas, auch

etwa die 18-armige Quan Am, die Göttin der Barmherzigkeit (73 Mai Thi Luu, s. S. 66).

... UND IN CHOLON

In den heutigen Bezirken 5 und 6 fanden chinesische Flüchtlinge ab dem 17. Jh. eine neue Heimat. Die ⓬ **Tien-Hau-Pagode** (Chua Ba) gehört zu den schönsten taoistischen Gotteshäusern in Chinatown (Cholon) und ist der Meeresgöttin Tien Hau gewidmet, einer Schutzpatronin der chinesischen Seeleute und Fischer. Außer ihr stehen den Gläubigen hier die Fruchtbarkeitsgöttin Kim Hue bei oder Finanzgott Than Tai, General Quan Cong und lauter kleine Teufel (710 Nguyen Trai, s. S. 66).
Nördlich von Cholon findet sich die ⓭ **Giac-Lam-Pagode** (Chua Giac Lam; 1744), ältestes Gotteshaus in Saigon. Im Stil nordvietnamesischer Pagoden ist die buddhistische ⓮ **Vinh-Nghiem-Pagode** (339, Nam Ky Khoi Nghia Street) erbaut.

INFOS & EMPFEHLUNGEN

MUSEEN

Zu den von Touristen meistbesuchten Orten in Saigon gehört das ⑮ **Kriegsrestemuseum** (Kriegsreliktemuseum, War Remnants Museum), das mit Dokumenten und schockierenden S/W-Fotos den Vietnam-Krieg und seine Gräueltaten dokumentiert, ferner die Folgeschäden durch chemische Kampfmittel anhand von Einweckgläsern mit konservierten, missgebildeten Föten. Außen sind Panzer, Hubschrauber und Abwehrgeschütze ausgestellt (28 Vo Van Tan, tgl. 7.30 – 12.00, 13.30 – 17.00 Uhr, http://warremnantsmuseum.com). Das ⑰ **Historische Museum** bietet einen Überblick über die Geschichte Vietnams. Sehenswert sind v. a. die Kopie der fast 4 m hohen „tausendarmigen" Quan-Am-Figur (Raum 7) und Trachten der Minderheiten (Raum 15; 2 Nguyen Binh Khiem, Di. – So. 8.00 – 11.30, 13.30 – 17.00 Uhr, www.baotanglichsuvn.com). Das **Wasserpuppentheater** im Museum erfreut stündlich (9.00 – 11.00, 14.00 – 16.00 Uhr). Vietnamesische Geschichte rückt nahe im ⑪ **Ho Chi Minh Museum,** wo persönliche Gegenstände des Landesvaters zu sehen sind (1 Nguyen Tat Thanh, Di. – So. 7.30 – 11.30, 13.30 – 17.00 Uhr, letzter Einlass: 16.30 Uhr).

> **Tipp**
>
> ## Verwöhnung pur
>
> Jetlag, Sightseeingstress, zu viel Sonne getankt oder Blasen an den Füßen? Wie wäre es mit einer Verwöhnbehandlung im L'Apothiquaire Spa in Saigon: Ob mit sanften Händen oder Hot Stones, warmer Schokolade oder aromatischen Essenzen, ob bei Massage, Anti-Aging oder Beauty Treatment – hier fühlt man sich gleich wie wiedergeboren im Nirwana.
>
> ### INFORMATION
> La Maison L'Apothiquaire Skincare und Spa: 64A Truong Dinh, 3. Bezirk, Res.-Tel. 02 8 39 32 51 81, -82
> L' Apothiquaire Artisan Beauté Skincare und Spa: 41 Dong Khoi, 1. Bezirk, Tel. 02 8 38 22 21 58, www.spasaigon.com

AKTIVITÄTEN

Führungen und **Touren** bietet Saigon Tourist (23 Le Loi, 1. Bezirk, Tel. 02 8 38 29 22 91 www.saigon-tourist.com). **Saigon Kultour** (www.hanoikultour.com): Sightseeing mal anders – mit dem seit 1994 in Saigon lebenden Deutschen Ralf Dittko.

VERANSTALTUNGEN

Zum **Neujahrsfest Tet** Ende Januar/Anfang Februar sind die Saigoner außer Rand und Band, das Stadtzentrum ist ein Blumenmeer.

HOTELS

Nur einen Katzensprung vom Ben-Thanh-Markt empfängt das angenehme City-Hotel €/€€ **Nhat Ha 1** (252 B–C Le Thanh Ton, im 1. Bezirk, Tel. 02 8 38 24 63 68, www.nhatha1hotel.com) seine Gäste, wo man schon beim Frühstück im 12. Stock einen Super-Blick auf Saigon hat – ideal auch für alle „Last-Minute"-Einkäufer am Tag vor dem Abflug (Achtung: es gibt unter den 55 Zimmern auch fensterlose Raucherzimmer; gute Online-Rabatte). Im Backpackerviertel überzeugt das € **Bali Boutique Hotel** (82 Bui Vien, 1. Bezirk, Tel. 02 8 39 20 98 04, –5, www.baliboutiquehotel.vn) als Minihotel mit 30 großen Zimmern (Fahrstuhl; Family Rooms mit Babybetten). Geschäftsleute und Touristen mögen gleichermaßen das zentrale €/€€ **Saigon Prince** (63 Nguyen Hue, 1. Bezirk, Tel. 02 8 38 22 29 99, www.saigonprincehotel.com): 200 schnörkellose Zimmer mit Komfort; Mini-Pool, Spa. Etwas abgelegen ist das €€ **Ma Maison** (656/52 Cach Mang Thang Tam, 3. Bezirk, Tel. 02 8 38 46 02 63, www.mamaison.vn), Boutiquehotel und Oase von Natasha Long mit zwölf kuscheligen Zimmern in einer Villa; WiFi, Garten. Ein Klassiker aus alten Tagen (1925) ist das €€€/€€€€ **Majestic** (1 Dong Khoi, 1. Bezirk, Tel. 02 8 38 29 55 17, www.majesticsaigon.com.vn) mit seinen 175 elegant-kolonialen Zimmern, teils Balkons zum Fluss. Dachlokal.

RESTAURANTS

Als abwechslungsreiche Essensmeile präsentiert sich die **Nguyen Dinh Chieu** (3. Bezirk) mit BBQ-Restaurants und authentischen Pho-Läden (ohne Speisekarte) oder Seafoodlokalen wie dem feinen €€/€€€ **Marina Ngoc Suong** (Nr. 172, Mobil-Tel. 01 9 00 00 08). Für den typischen Snack zwischendurch: Beim alteingesessen € **Banh Mi Sau Minh** (170 Vo Van Tan, kein Tel., tgl. 24 Std.) drei Straßen-

Zwei Seiten der Stadt: Entspannung im Park und Erinnerung an die Gräueltaten der Vergangenheit im Kriegsrestemuseum.

ecken südwestlich des Kriegsrestemuseums bekommt man rund um die Uhr die leckeren Sandwichs (banh mi); knusprigfrische Baguettes mit Schweinefleisch, frischem Koriander und Chili. Niemand Geringerer als Bill Clinton genehmigte sich in der einfachen Suppenküche € **Pho 2000** (Phan Chu Trinh, beim Ben-Thanh-Markt, 1. Bezirk, Tel. Tel. 02 83 8 22 42 94, www.pho2000.com.vn) sein Süppchen – seitdem heißt der Laden auch: „Pho for the President"…
Das seit Jahrzehnten bewährte €€ **Thanh Nien** (11 Nguyen Van Chiem, 1. Bezirk, Tel. 02 8 3 8 22 59 09, http://thanhnien.vnnavi.com.vn) bietet vietnamesisch-thailändische Kost à la carte oder wochentags vom Büffet, auch Vegetarisches.

NACHTLEBEN

Hoch her geht es in der €€€€ **Chill Skybar & Restaurant** (s. S. 20/21). Gute Livemusik zieht viele Saigoner und Deutsche ins €€ **La Habana** (152 Le Lai, Ben Thanh-Bezirk, Tel. 02 8 39 25 98 38, www.lahabanasaigon.com), wo Mojitos, deutsches Bier, Tapas und Paella munden.

EINKAUFEN

In der Nguyen Van Troi sind viele **Galerien** zu Hause, und ein **Antiquitätenhändler** reiht sich neben den anderen in der Le Cong Kieu. In den modernen **Shoppingcentern** wie dem **Vincom Center** (72 Le Thanh Ton, tgl. 9.00 bis 22.00 Uhr) gibt es Läden der großen Marken von Armani bis Versace.
Auf dem berühmten **Ben-Thanh-Markt** findet man alles von Kleidung über Tierisches bis Obst, die Souvenir-Abteilung ist nahe dem Westeingang (tgl. 6.00 – 18.00 Uhr, handeln!). Zum Stöbern nicht so teuer sind der **Binh-Tay-Markt** in Chinatown und die Gassen rund um die **Backpackermeile Pham Ngu Lao**. Spottbillige Imitationen, T-Shirts und alles, was das Touristenherz begehrt, findet man auch in den **Kaufhäusern Saigon Square** (77–89 Nam Ky Khoi Nghia nahe Ben-Thanh-Markt und in der Hai Ba Trung).

⑱ – ㉑ Umgebung

Klassische Tagesausflüge (gut organisiert zu buchen) führen zu den ⑱ **Cu-Chi-Tunneln**, die 35 km nordwestl. an der N22 gelegen sind (tgl. 7.30 – 17.30 Uhr; s. Special S. 29) und nach ⑲ **Tay Ninh** zur Mittagsmesse der Cao-Dai-

Glückliches neues Jahr!

Die wichtigste Feier in Vietnam – Tet Nguyen Dan – ist eine Mischung aus buddhistischen, taoistischen und konfuzianischen Bräuchen, aber ebenso aus animistischem Glauben und Ahnenverehrung. Bereits eine Woche vor dem Neujahrstag beginnen die Feierlichkeiten: Am 23. Tag des 12. (Lunar-)Monats werden zu Hause Opfergaben wie Blumen auf dem Hausaltar präsentiert. Dadurch wohlgesonnen, verlässt nun der Küchengott (Tao Quan, der Gott des Herdes) das Haus, um dem Jadekaiser seinen alljährlichen Bericht über die irdischen Zustände zu erstatten. Am Neujahrsabend kehrt er wieder zur Erde zurück. In den Tempeln herrscht zu dieser Zeit Hochbetrieb, besonders zum mitternächtlichen Jahreswechsel des Mondjahres: Viele Gläubigen versammeln sich hier, um die Ahnen zu ehren und die guten Geister wieder auf der Erde willkommen zu heißen.

Sekte (s. S. 66). Die Saigoner strömen am Wochenende in den Badeort ⓴ **Vung Tau**, eine hügelige Peninsula mit (nicht so überragenden) Stränden, jeder Menge Hotels und Seafoodlokalen, einigen interessanten Pagoden und einer alles überragenden Jesus-Statue (etwa 125 km südöstlich von Saigon).
Neben Elefanten, Krokodilen, Gibbons und Wildbüffeln beherbergt der ㉑ **Cat-Tien-Nationalpark** als UNESCO-Biosphärenreservat mehr als 100 Säugetierarten (darunter angeblich noch einige Leoparden), unzählige Vögel und Reptilien können Besucher auf Tages- und Nachtexkursionen erspähen (ca. 150 km nordöstlich von Saigon, einfache Unterkünfte, www.namcattien.org).

INFORMATION
Saigon Tourist Travel (siehe „Aktivitäten"). Eine Touristinformation mit Geldwechsel befindet sich auch im Hauptpostamt an der Dong Khoi.

Genießen   Erleben   Erfahren

„Good Morning, Saigon"

DuMont Aktiv

Wer sein Yin und Yang in Vietnam ausbalancieren will, muss früh aufstehen: Um 5.30 Uhr, also noch vor Sonnenaufgang, trifft man sich – beim allseits beliebten Massenspektakel mit Jogging, Federball und Aerobic zu Disco- und Chacha-Rhythmen und natürlich: Tai Chi.

Tai Chi Chuan ist eine ursprünglich chinesische Kampfkunst, wie das Wörtchen „chuan" (Faust) verrät. In den Städten Vietnams praktizieren zumeist ältere Bewohner diese jahrtausendealte Selbstverteidigung als eine Art Bewegungsmeditation entsprechend der taoistischen Philosophie: langsame, ruhige Figuren aus Abwehr- und Stoßtechniken, die ineinanderfließen. Atem und Bewegung lassen auf diese Weise das Chi, die Lebensenergie, durch den Körper strömen. So dient Tai Chi der Entspannung und Konzentrationsfähigkeit sowie der Beweglichkeit.

Die Frühsportler und Schattenboxer trifft man allmorgendlich in den Parks der Großstädte, aber auch oft auf einem einfachen Platz, wo sie im Morgengrauen bei noch angenehmen Temperaturen Übungen absolvieren. Jeder kann hier mitmachen, es bringt Herz und Kreislauf in Schwung.

Weitere Informationen

… in Saigon: Le Van Tam Park (Hai Ba Trung, Ecke Dien Bien Phu, gegen kleine Gebühr beim Lehrer); Tao Dam Cultural Park (ab ca. 8.00 Uhr); Van Hoa Park (Nguyen Du); Park „23/9" (Pham Ngu Lao)

… in Hanoi: am Hoan-Kiem-See und im Hanoi Botanical Garden

Bringt Einigkeit in der äußeren Erscheinung auch innere Harmonie in der Meditation? Wer sich hier einreiht, wird es für sich herausfinden.

MEKONGDELTA
40 – 41

Flussriese mit Macht

Der Mekong verteilt sich auf seinen letzten 200 Kilometern in Vietnam behäbig auf acht Arme, einen Schifffahrtskanal und ein Netz aus rund 5000 Kilometer Wasserwegen inmitten von Reisfeldern, Bambuswäldern und Kokospalmen. Song Cuu Long – Fluss der neun Drachen – nennen die Vietnamesen ehrfürchtig ihre Lebensader im Landessüden: Von hier versorgt die „Reiskammer der Nation" das Land mit bis zu drei Ernten im Jahr.

An spindeldürren Krakenarmen hängen die Netze in den Kanälen des Mekong. Im Minutentakt ziehen die Fischer sie heraus.

Man muss nur durch die Ortschaften des Deltas reisen, um das vietnamesische Leben zu erleben: Frauen mit Kegelhüten sind unterwegs zu Fähren oder rudern überkreuz, wie hier über den Schwimmenden Markt von Cai Be. Während dort Früchte verladen werden (rechts), warten die Passagiere der Fähre in der Provinz Tien Giang aufs Anlegen (unten).

MEKONGDELTA
42 – 43

Fotomotive lauern hinter jeder Flussbiegung, wie im Urlaubsprospekt: Dicke halbrunde Barken voller Kokosnüsse und Reis, Sampans mit aufgemalten wachsamen Augen am Bug, Wohnkutter mit flatternder Wäsche – alles fließt, gleitet und tuckert mit dem Mekong, dem neunarmigen Drachen. Nach dem hektischen Saigon eine Wohltat, man kann hier in der amphibischen Welt einfach mittreiben. Auf einem Kutter baumelt die ganze Familie in Hängematten und winkt herüber. Die Fährschifferinnen mit ihren Kegelhüten manövrieren ihre Boote mit den über Kreuz gelegten Paddeln kraftvoll und doch anmutig im Stehen durch die Fluten.

Schwindelfreie Menschen balancieren über fragile Gestelle aus Bambus: Solche „Affenbrücken" ragen über die Wasserwege, nur so gelangt man von A nach B, vom Reisfeld in den Nachbarweiler. Auf den Feldern schöpfen Frauen Wasser aus den Kanälen. So idyllisch das Bild anmuten mag, der Reisanbau ist eine unendliche Mühsal, von der Aussaat an.

Macht und Ohnmacht

Hien ist 29, Bootsführerin, und hat alle Jahre wieder im Oktober Hochkonjunktur: „Die größten Überschwemmungen, die ich erlebt habe, waren in den Jahren 2000 und 2002, dann 2011", erzählt sie, während sie ihre Kundschaft durch die Wasserlandschaft rudert. Hunderte ertranken, vor allem Kinder, manche Särge lagerten tagelang in den Baumkronen, da alles überschwemmt war. Paradox erscheint angesichts der verheerenden Monsunfluten eine aktuelle Entwicklung: Der Wasserstand sinkt und sinkt, dem Mekong wird rund 3000 Kilometer weiter nördlich sprichwörtlich das Wasser abgegraben – die Vietnamesen bleiben auf dem Trocknen sitzen. Die Reisernten fallen geringer aus, während gigantische chinesische Staudämme den enorm wachsenden Energiebedarf des Megareichs decken sollen. So gehen immer mehr Reisbauern im Delta zum Pflanzen von Bananen und Litschi

Can Tho ist das Drehkreuz im Delta: Von hier legen die Boote zu Schwimmenden Märkten ab, aber auch in die dichten Mangrovenwälder.

Der Besuch auf einer Schlangenfarm gehört irgendwie immer dazu.

Auf Sampans schippern Touristen durch Kanäle bei Ben Tre, gleichsam durch Alleen aus Mangroven und Palmwedeln.

Wasserbüffel sind im Delta, wie hier bei Can Tho, als Zug- und Lasttiere kaum entbehrlich.

Alles fließt, gleitet und tuckert mit dem Mekong, dem neunarmigen Drachen, in Vietnams Süden.

oder zur Garnelenzucht über – denn das braucht weniger Wasser.

Gefährliche Entwicklungen

Die Produktion der Garnelenfarmen hat sich so in den 1990er-Jahren verdoppelt. Ökologisch verheerend, denn beim Fang für die Zucht kommen gleichzeitig Millionen Larven um, die dann im natürlichen Nahrungskreislauf fehlen. Für die katastrophalen Billigfisch-Aquakulturen (90 Prozent des Pangasius in Deutschland stammen aus Vietnam), für den Reisanbau und die illegale Holzkohleproduktion wurden die weltweit größten natürlichen Mangrovenwald-Bestände weithin abgeholzt und in endlose Steppen verwandelt. Wiederaufforstungen sollen dem Einhalt gebieten.

Urlaubers Pflichtprogramm

Ob man im Delta nun im Boot, zu Fuß oder mit dem Rad unterwegs ist, der Unternehmergeist der 20 Millionen Deltabewohner ist allgegenwärtig. Auf dem Programm stehen Kokosbonbon-Fabrik und Ziegelbrennerei sowie Schwimmender Markt. Danach geht's per Boot zum Litschi-Bauern und zur Bonsai-Pflanzerei. Später dann in die Puffreis-Fabrik, zum Räucherstäbchen- und Reispapier-Hersteller. Um die Betriebsbesichtigungen kommen Urlauber ebensowenig herum wie um die Spezialität der Region, den Elefantenohrfisch.

Im Turbo aus der Tradition

Can Tho hat seit 2011 einen „International Airport". Can wo?, mag manch einer fragen, doch die Universitätsstadt ist das wirtschaftliche und kommerzielle Herz des Mekongdeltas, ein modernes Drehkreuz für Waren- und Touristenströme. Eine halbe Million vorwiegend junge Bewohner lebt hier, die scheinbar alle beim abendlichen Sehen und Gesehenwerden, dem „chay vong vong", in einer Armada aus blitzeblanken Mofas über die Uferpromenade brausen: einmal hoch und vorbei am lachenden, silbern angemalten Ho Chi Minh und wieder runter.

Langsam aber sicher bleiben die Traditionen ihrer Eltern und Großeltern bei der Wettfahrt im vietnamesischen Turbokapitalismus auf der Strecke – so wie im vergangenen Jahrzehnt schon die alten Männer mit den Ho-Chi-Minh-Bärtchen oder mit Tropenhelm. Oder auch die jahrhundertelang deltatypischen Affenbrücken aus Bambus, die immer öfter von kleinen und größeren Betonbrücken verdrängt werden. Über die berühmtesten Schwimmenden Märkte knattern vormittags mehr Touristenboote als pittoreske Sampans. Die Video- und Handykameras werden

Nahe Chau Doc an einem Berg gelegen, vereint die Tay-An-Pagode einen wahren Stilpluralismus in sich:
Hier finden sich Elemente hinduistischer, taoistischer und islamischer Architektur.

Vor der bedeutenden Pilgerstätte am Nui Sam, dem Tempel Chua Xu, sind alle notwendigen Devotionalen zu erwerben, ...

... und es herrscht hier ein überaus geschäftiges Treiben.

Khmer in Vietnam

Im „unteren Kambodscha" zu Hause

Special

Gold, wohin man blickt, im Tempel der Khmer in Tri Tou bei Chau Doc.

„Die Vietnamesen pflanzen den Reis, die Khmer schauen zu ...", so lautet der Beginn eines Indochina-Sprichworts aus der Kolonialzeit. Mag sich die Grenze zwischen Vietnam und Kambodscha auch öffnen, so bleiben doch Mentalitätsunterschiede. Die Khmer (ca. 900 000) leben in Grenznähe, viele in Soc Trang und Tra Vinh, die meisten Alten oder Mönche sprechen nicht ein Wort Vietnamesisch. Unübersehbar sind die für die Landschaft charakteristischen Zuckerpalmen. Das Mekongdelta ist für viele Khmer noch heute „Kampuchea Krom", das „untere Kambodscha", denn „wo Zuckerpalmen wachsen, da liegt Kambodscha".

dabei im Rhythmus der Megafonansagen des Reiseleiters geschwenkt. Heute dröhnen Discoschiffe entlang Can Thos Promenade, vom dreistöckigen Floating Restaurant „Du Thuyen" schallt schräges Karaoke. Ein kleiner wehmütiger Rückblick in die Welt der alten „Ninh-Kieu"-Schiffe: Die mit Lichterketten behangenen Kähne legten bis vor einigen Jahren jeden Abend zur Rundfahrt auf dem Hau Giang ab. Frauen im knielangen Ao Dai gaben eine Stunde lang vietnamesische Opern zum Besten, herzzerreißende Lebensweisheiten und Liebeslieder.

Schmelztiegel Chau Doc

Nirgendwo sonst sieht man mehr Pagoden, Moscheen und Kirchen auf so kleinem Raum. Auch auf den Nui-Sam-Berg, einige Kilometer südlich, strömen zum alljährlichen Pilgerfest im April/Mai Buddhisten und Taoisten, Christen und Muslime – ein religiöses Gipfeltreffen von Gläubigen aus aller Welt. Es ist das größte Volksfest im Süden Vietnams mit mittlerweile Millionen von Besuchern. Hat man die 230 Meter erklommen, belohnt ein spektakuläres 360-Grad-Panorama – und man begreift gleich die große Bedeutung des Deltas als Reiskammer für Vietnam.

Denn noch sorgt der Mekong wie seit Jahrtausenden für den Speiseplan im

Wer sich dorthin wünscht, wo der Pfeffer wächst, landet unweigerlich auf Phu Quoc. Genießt dort das Strandleben mit allen Annehmlichkeiten, zum Beispiel im Hotel La Veranda am Truong-Strand. Oder wandert den wunderschön gelegenen Strand Bai Sao im Süden (links unten) entlang.

Strandleben gibt's hier kilometerlang und palmengesäumt – doch nach und nach entstehen in Phu Quoc auch futuristische Appartementtürme mit Meerblick.

Delta: für Reis und Fisch. In Chau Doc nahe der kambodschanischen Grenze sind die Fischzüchter zu Hause. Ganze Dörfer schwimmen auf leeren Ölfässern, Fische drängen sich tonnenweise in dem mit Drahtnetz eingezäunten „Keller" unterm Floßhaus. Im Wohnzimmer von Frau Phat ist gerade ein Deal im Gange: Die Männer ziehen das Netz voll zappelnder Flussbewohner durch die Luke, dann wird der Korb auf die Waage gehievt: 120 Kilo, okay, ab ins Transportschiff. Insgesamt 100 Körbe verkauft die Unternehmerin an eine Meeresfrüchtefabrik, die auch nach Deutschland exportiert.

Ruhe vor dem Sturm

Berühmt für seine Pfefferplantagen und die Fischsauce Nuoc Mam, mausert sich die größte Insel Vietnams derzeit unaufhaltsam zum Urlaubsparadies – für die asiatische Großfamilie mitsamt gigantischen Vergnügungs- und Safariparks inklusive Zebras, Löwen und: echten Afrikanern im Leopardenfell. Das Terrain für zahllose Luxusresorts ist bereits abgesteckt (inklusive der vielen Baustellen …): Phu Quoc, lange Zeit ein Insidertipp mit 40 Kilometer langen Stränden und dschungelbedeckten Inselbergen, soll bis 2020 zum vietnamesischen Phuket werden – mit fünf Millionen Urlaubern im Jahr! Seit Ende 2012 ist der International Airport fertig. Geplant sind bis 2030 ein Kreuzfahrtpier, zwei weitere Golfplätze, ein Kasino für die Nachbarn, die Thais und Kambodschaner, und sogar futuristische Appartementtürme mit Meerblick.

Was (dem einfach nur Erholung suchenden Urlauber) am Ende bleibt

In der einst verschlafenen Inselmetropole Duong Dong regeln schon einige ultramoderne Ampeln mit digitaler Sekundenanzeige das zunehmende Mofa-Chaos. Der Truong-Strand an der Westküste ist schier endlos. An die Südostküste schmiegt sich der schönste Strand, der Bai Sao: Palmen, feinster weißer Pulversand, begrenzt von bewaldeten Hügeln und meist vor lauter Tagesausflüglern nicht mehr zu sehen, schon wegen der riesigen knallbunten Plastik-Wasserrutschen und Sonnenliegen. Noch sind Sonnenbaden und Perlen-Einkaufen, Schnorcheln und Tauchen hier die einzigen Aktivitäten – wenn man nicht auf die Pirsch nach importiertem afrikanischen Großwild im Safaripark gehen will oder dem asiatischen Disneyland einen Besuch abstattet mit all dem Adrenalin- und Bespaßungsprogramm mit Märchen-Schlössern, Aquarium, Underwater World, „Kamikaze"-Rutschen, Riesen-Karussells und Achterbahnen. Oder wie wäre es hier in Vinpearl Land mit ein bisschen „Tsunami"-Action – laut Werbung ein Angstspiel mit „Herzinfarkt"-Garantie? Oder man fährt im Kinderpanzer durchs Video-Kriegsspiel (für ca. 20 € Eintritt hat man bisher wenigstens die ganze Anlage für sich alleine …).

Es war einmal eine Trauminsel: Phu Quoc ist derzeit fast überall eine einzige Großbaustelle.

Wie auch immer: Dem einfach nur Erholung suchenden Urlauber bleibt, nach einem anstrengenden Sonnentag am Abend in den Sonnenuntergang zu blinzeln – übrigens befindet sich hier an der Westküste der einzige Platz in Vietnam mit romantischer „Sunset"-Kulisse.

DUMONT THEMA

REISANBAU IN VIETNAM

Das Brot Asiens

In vielen asiatischen Ländern heißt „essen" wörtlich übersetzt „Reis essen". So sagt man auch in Vietnam „Guten Appetit" und wünscht damit: „Lassen Sie sich den Reis schmecken!" Drei Millionen Reisbauern allein im Mekongdelta sorgen dafür, dass das „Brot Asiens" dreimal täglich auf den Tisch kommt.

Ohne Fleiß kein Preis. Oder wie ein vietnamesisches Sprichwort sagt: „Ein Schälchen Schweiß, ein Schälchen Reis."

Am Anfang war das Reiskorn – der in Frischwassersümpfen wachsende Wildreis. Vor 7000 Jahren, so brachten archäologische Ausgrabungen in Südostchina zutage, zogen Wandervölker mit ihrem Nassreis südwärts und verbreiteten die Kulturpflanze über Jahrtausende in ganz Asien. Nur so konnten etwa die kambodschanischen Angkor-Könige ihr bevölkerungsreiches Imperium mit einer Million Untertanen ernähren.

Legenden und Märchen ranken sich um das Hauptnahrungsmittel. Das Süßkorngetreide (Oryza sativa) bestimmt den Jahresrhythmus der Vietnamesen, nicht nur der Reisbauern: Erntefeste und der Besuch bei den Göttern stehen auf dem Terminkalender, denn Reis ist nur ertragreich, wenn die Reisgöttin gnädig ist, wohlgestimmt mit täglichen Spendengaben. Und sie muss sehr zufrieden sein, denn Vietnam verdrängte den einstigen Erzfeind USA in den 1990er-Jahren ein zweites Mal und stand rund 20 Jahre (bis 2014) als einer der führenden Reisexporteure an zweiter Stelle auf der Weltrangliste vor den USA. 2014 wiederum rückte die USA auf der Liste vor.

In allen Schattierungen

Das in allen Grün-Beige-Nuancen leuchtende Schachbrettmuster der Reisfelder mit den Reisbauern hinter ihren Wasserbüffeln sind ein vietnamtypisches Landschaftsbild und beliebtes Fotomotiv – jedoch alles andere als anmutig für die Akteure. Der Anbau ist äußerst arbeitsintensiv: Vor der Aussaat müssen die Körner keimen, die Schößlinge werden dann von Hand als einzelne Halme in die nassen Felder gesteckt, wo sie bei stets exakt kontrolliertem Wasserstand reifen. Oft sind es Frauen, die diese knochenharte Pflicht erfüllen, bei Sonnenschein oder tropischen Monsungüssen, an den steilen Berghängen mit Trockenreis im Norden oder in schlammigen Nassreisfeldern.

Nach durchschnittlich drei bis sechs Monaten ist Ernte in den trockengelegten Feldern, meist im Oktober/November. Im Delta sind zwei bis drei Ernten im Jahr möglich.

Die Ähren leuchten goldgelb, die Bauern schwingen ihre Sichelmesser und dreschen das Korn aus den Garben – in vielen Gegenden ist alles noch reine Handarbeit, nur gelegentlich sieht man kleine Dreschmaschinen auf den Feldern. Oft werden die Garben zum Trocknen an den Straßenrand gelegt, auch damit darüberfahrende Reifen die Halme von den Körnern lösen. Bevor der Reis in die Töpfe kommt, muss er noch geschält werden. Reis kommt in Vietnam in vielen Varianten auf den Tisch: u. a. als purer weißer Reis (com), als Reissuppe, Reisnudeln, auch Reispapier zum Einwickeln.

Ständige Bewässerung der zarten Pflänzlein ist nötig, zu viel Wasser aber würde sie verrotten lassen. Nach der Reisernte stapeln sich die Säcke zum Transport.

Oft sind es die Frauen, die das Aussetzen der Schößlinge übernehmen.

Der Anbau von Reis ist äußerst arbeitsintensiv, in vielen Gegenden wird er noch in reiner Handarbeit vollzogen.

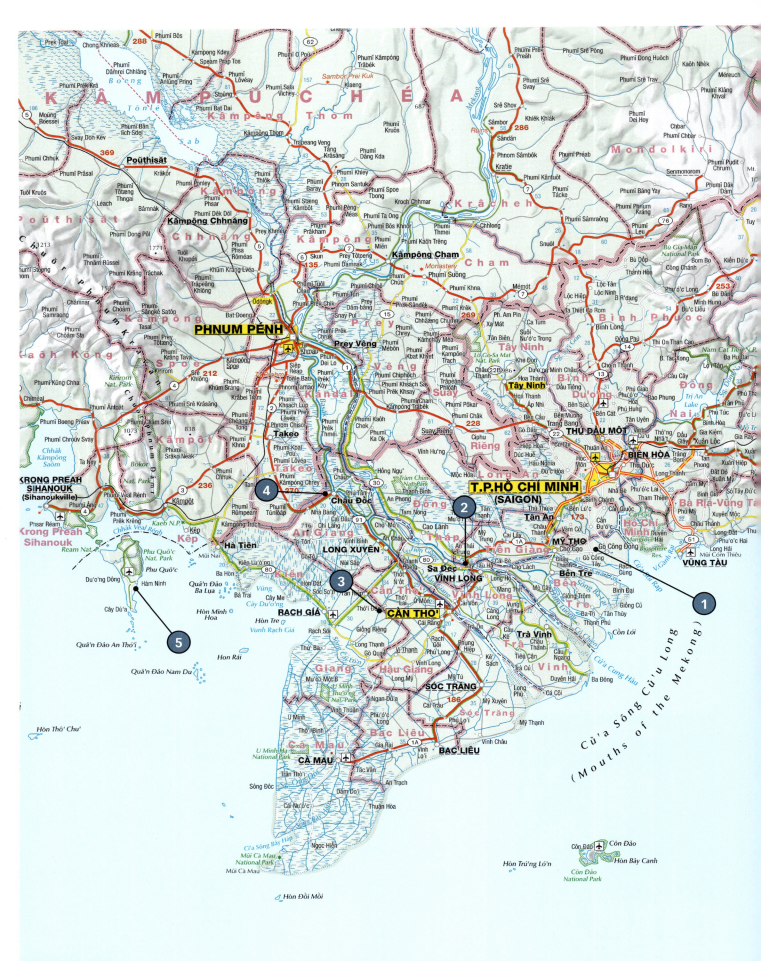

INFOS & EMPFEHLUNGEN

MEKONGDELTA
52 – 53

Sich treiben lassen auf dem Mekong

Auch wenn immer mehr Straßen und nagelneue Brücken das riesige Mekongdelta durchziehen, eine Bootstour auf den weit verzweigten Wasserwegen ist quasi unabdingbar. Oder man rollt mit dem Rad durch idyllische Alleen, vorbei an Reisfeldern und Bambuswäldern, kleinen Familienbetrieben und weiten Obstplantagen.

❶ My Tho / Ben Tre

Die aufstrebende Handelsstadt (ca. 180 000 Einw.) am Ufer des Tien Giang bietet nicht viele Sehenswürdigkeiten, abgesehen von der 1820 erbauten **Vinh-Trang-Pagode** (ca. 3 km östl.). Die Stadt dient den Tagesbesuchern aus Saigon zum Umsteigen in die Ausflugsboote – und zum Eintauchen in die Alltagswelt des **Deltas TOPZIEL** und seiner zahllosen Flussinseln.

Auf der Barke

Wer möchte das Mekongdelta nicht stilecht auf dem Wasser erkunden: einfach mittuckern im Strom des Deltaalltags, vorbei an Stelzenhäusern und Reisbarken, Schwimmenden Märkten und gigantischen modernen Brücken. Jedes Jahr bieten mehr Unternehmen diese mehrtägigen Ausflugsfahrten auf Wohnschiffen an, auch Mekongtouren nach Kambodscha. Der deutsche Veranstalter Mekong Eyes Cruise durchquert das Delta auf einer umgebauten Reisbarke mit 30 schönen Doppelkabinen.

INFORMATION
Mekong Eyes Cruise, Nr. 209, 30 Thang 4, Can Tho, Tel. 02 92 3 78 35 86, Hotline (mobil): 093 3 36 07 86; Büro in Deutschland: Seminarstr. 33, 79102 Freiburg, Tel. 07 61 7 66 49 76, www.mekongeyes.com

RESTAURANTS

In dem großen Gartenlokal € **Trung Luong** (Nguyen Trung Truc, Ortseingang an der N1, Tel. 02 73 3 85 54 41) sitzt man nett am Fluss und genießt die lokale Spezialität: gebratenen Elefantenohrfisch. Der € **Nachtmarkt** am Fluss in der Le Thi Hong Gam bietet ab 17.00 Uhr an Garküchen Leckereien aus 1001 Topf.

UMGEBUNG

Die idyllische Nachbarprovinz **Ben Tre** (ca. 12 km südl.) galt im Vietnamkrieg als eine Hochburg des Vietcong. Hauptattraktion sind die Bootsausflüge auf die Flussinseln bei **An Binh** und **Thoi Son** bei Ben Tre – mit ihrem geschäftigen Treiben auf Kanälen, Märkten und den vielen Familienbetrieben für Kokosbonbons, Puffreis und Räucherstäbchen.
Auf der **Dong-Tam-Schlangenfarm** werden zur Lederverarbeitung und Seren-Produktion Kobras und Pythons gezüchtet, die man im Lokal auch gleich probieren kann (ca. 10 km westl. von My Tho, tgl. 7.00 – 18.00 Uhr).

INFORMATION

Tien Giang Tourist, Nr. 8 auf der Uferstraße (30 Thang 4), Tel. 02 73 3 87 31 84, http://tiengiangtourist.com; sowie: Ben Tre Tourist, 16 Hai Ba Trung, Ben Tre, Tel. 02 75 3 82 23 92

❷ Vinh Long / Sa Dec

Die riesige, von Australiern und Deutschen im Jahr 2000 erbaute My-Thuan-Brücke gibt der Provinzhauptstadt ein gewisses San-Francisco-Flair, ansonsten herrscht hier typisch vietnamesisches Treiben auf der Uferpromenade.

SEHENSWERT

Tagestouren aus Saigon führen die meisten Touristen durch **Obstplantagen**, u. a. zum Anbau von Mandarinen und Mangos, auf die Flussinseln bei **An Binh** und auf den **Floating Market Cai Be** – als einer der größten

Im Neonlicht funkelt die Uferzeile in Can Tho in vielen Farben.

Schwimmenden Märkte bietet er einen guten Einblick in das amphibische Handelstreiben auf dem Wasser (früh aufstehen, bevor die Touristenboote gegen 8.00 Uhr kommen!).

AKTIVITÄT

Wie wäre es mit einer **Radtour** unter Kokospalmen, etwa von Ben Tre durch **Mo Cay** und die hübsche Stadt **Tra Vinh** (mit sehenswerten Khmer-Tempeln) nach **Can Tho**? Insgesamt 80 km mit Homestay-Übernachtungen; zu buchen bei Sinhbalo Adventure Travel (283/20 Pham Ngu Lao, Saigon, www.sinhbalo.com).

RESTAURANT

Das € **Phuong Thuy** (1 Thang 5 Street/Uferstraße, Vinh Long, Tel. 02 70 3 82 47 86), schön am Fluss gelegen, ist beliebtes Ausflugslokal.

UMGEBUNG

Originalschauplatz und Drehort des Romans „Der Liebhaber" von Marguerite Duras ist das Städtchen **Sa Dec**, es zieht vor allem Franzosen an und wegen der Blumenmärkte die Blumenliebhaber. Das 1895 erbaute Kolonialhaus des damaligen „Liebhabers" Huynh Thuy

INFOS & EMPFEHLUNGEN

Le ist seit 2007 als Museum geöffnet und bietet zwei einfache Gästezimmer (225 A Nguyen Hue, Uferstraße, 23 km westl. von Vinh Long, tgl. ca. 10.00 – 17.00 Uhr). Knapp 1 Std. sind es mit dem Boot nach **Cai Be**.

INFORMATION
Cuu Long Tourist, 1 Thang 5 (Uferstraße), Tel. 02 70 3 8236 16, http://cuulongtourist.com.vn, auch Vermittlung von Homestays

❸ Can Tho

Die trubelige Universitätsstadt Can Tho ist mit 500 000 Einwohnern die größte Stadt im Delta, das selbst etwa die Größe der Schweiz besitzt. Sie ist eine gute Basis für Ausflüge zu Schwimmenden Märkten, zur Vogelbeobachtung in den Mangroven oder zum Fledermaustempel.

SEHENSWERT
Durch ein imposantes Angkor-Wat-Tor betritt man den **Munirangsyaram-Tempel** der Khmer-Gemeinde und befindet sich sogleich

> **Tipp**
>
> ### Bei Vietnamesen wohnen
>
> „Homestay" ist eine Art Modebegriff in Vietnam, ebenso wie „Eco" (Öko). In der Praxis kann sich ein solches Homestay durchaus einmal als „Community Homestay" mit Familienanschluss erweisen – aber auch als Unterbringung mit Pool und Personal. Vor allem im Mekongdelta, im Bergland und auf einigen noch weitgehend untouristischen kleinen Inseln können Urlauber bei Familien übernachten, bei Can Tho im Mekongdelta etwa in den rustikalen Bambus-Reihenhäuschen vom € **Nguyen Shack Mekong River Homestay**. Man lässt sich am besten vom Betreiber in Can Tho abholen.
>
> #### INFORMATION
> Ong Tim Brücke, Thanh My, Thuong Thanh Bezirk, Cai Rang, Tel. 02 92 6 28 86 88, http://nguyenshack.com

im Reich des Theravada-Buddhismus: Im oberen Stock des Hauptgebäudes ist eine 1,5 m hohe Buddhastatue unter einem Bodhi-Baum zu betrachten (36 Hoa Binh, tgl. ca. 8.00 – 11.30 und 14.00 – 18.00 Uhr). Am Abend tobt der Bär an der Uferpromenade. Am mit Lichterketten geschmückten **Ninh-Khieu-Park** laden zahlreiche Lokale und Cafés zur Einkehr, eine riesige Statue Ho Chi Minhs wacht über das Treiben.

Transporte ins Delta per Bus, im Delta dann per Kahn oder von Angehörigen der Cham-Minderheit bei Chau Doc auf dem Kopf

Mit den dröhnend-blinkenden dreistöckigen Restaurant- und Discoschiffen kann man eine Runde auf den umliegenden Flüssen drehen (18.00 und 20.00 Uhr).

VERANSTALTUNGEN
Die Khmer-Minderheit feiert nach dem Mondkalender ihr **Neujahrsfest** im April/Mai und im Okt./Nov. das **Ghe-Ngo-Festival** (auch: Ok Om Bok) mit Wettfahrten in traditionellen Booten in Soc Trang (65 km südöstl. von Can Tho).

HOTEL
Das zwölfstöckige Dreisternehotel €€ **Kim Tho** (1A Ngo Gia Tu, Tel. 02 92 3 81 75 17, www.kim-tho.com) am Fluss überzeugt mit 51 schicken Zimmern und modernen Bädern, WLAN und Dach-Bar.

RESTAURANT
In der Markthalle am Fluss versteckt sich das €€ **Sao Hom** (50 Hai Ba Trung, Tel. 02 92 3 81 56 16). Das €€ **Nam Bo** (1 Ngo Quyen, Ecke Hai Ba Trung, Tel. 02 92 3 82 39 08) ist ein alteingesessenes Touristenlokal mit den üblichen Klassikern und westlichen Gerichten.

UMGEBUNG
Der **Cai Rang Floating Market** (7 km südwestl.) ist der größte Touristenmagnet in der Region: Auf unzähligen Booten, Wohnschiffen und überladenen Handelsbarken werden Obst und Gemüse, aber auch Haushaltswaren feilgeboten, man sollte am besten früh ein Boot für die Fahrt mieten. Etwas ruhigere Märkte sind **Phong Dien** (ca. 20 km südwestl. von Can Tho) und **Phung Hiep** (ca. 25 km südöstl. von Can Tho). Der „Fledermaustempel" (Chua Doi; in **Soc Trang**, ca. 65 km südöstl. von Can Tho) beherbergt Bilder aus dem Leben Buddhas – und eine Fledermauskolonie.

INFORMATION
Can Tho Tourist, 50 Hai Ba Trung (Uferpromenade), Tel. 02 92 3 82 18 52, www.canthotourist.com.vn

❹ Chau Doc

In dem Mekongstädtchen (200 000 Einw.) lebt ein Völkergemisch aus Vietnamesen, kambodschanischen Khmer und Chinesen. In der umgebenden Landschaft ragen immer wieder die wuchtigen Khmer-Tempeltürme empor. Hauptsächlich wohnen hier die Fischzüchter. Nach Kambodscha ist es nur ein Katzensprung.

SEHENSWERT
Auf der Flussseite dem Ort gegenüber liegt die Pfahlbau-Siedlung der muslimischen Cham-Minderheit, **Chau Giang**. Hier kann man Webern über die Schulter schauen. Es gibt einige Moscheen in beiden Orten.

ERLEBEN
Das Hotelschiff vom Victoria Hotel und preiswerter die Blue-Cruiser-Speedboote (www.bluecruiser.com) fahren über die Grenze nach **Kambodscha**.

VERANSTALTUNG
Abertausende Pilger aller Konfessionen zieht es im April/Mai beim Ba-Chua-Xu-Fest auf den **Nui Sam** (ca. 5 km südlich von Chau Doc, Hotels in Chau Doc frühzeitig buchen).

HOTEL
Im beliebten Minihotel € **Trung Nguyen** (86 Bach Dang, Tel. 02 96 3 56 15 61) direkt am Markt muss man mit frühmorgendlichem Lärm rechnen. Zimmer teils mit Balkon, WLAN.

UMGEBUNG
Die **Khmer-Pagode Ba Chuc** dient als Gedenkstätte: Hier, nahe der kambodschanischen Grenze, sind Schädel und Gebeine der Tausen-

„Die Vietnamesen pflanzen den Reis, die Khmer schauen zu, und die Lao lauschen, wie er wächst."

den von Opfern aufbewahrt, die bei den Massakern der Roten Khmer auf vietnamesischem Gebiet zwischen 1975 und 1978 ums Leben kamen (ca. 55 km südwestl., tgl. ca. 8.00 bis 16.00 Uhr).

INFORMATION
Mekong Chau Doc Travel
(Miss San Tours), 14 Nguyen Van Thoai,
Mobil-Tel. 09 18 66 92 36 (Ms.San),
www.mekongchaudoctravel.com

❺ Phu Quoc

Auf der größten Insel Vietnams mit ihren rund 90 000 Insulanern locken lange Strände, kleine Bungalowanlagen und die ersten Luxushotels, ein bergig-wilder Nationalpark, Perlenzuchtfarmen und Pfefferplantagen Pfefferplantagen – und die ersten riesigen Vergnügungsparks.

SEHENSWERT
Sehenswert in der Inselmetropole Duong Dong (ca. 60 000 Einw.) sind die **Dinh-Cau-Pagode** am Hafen und die beiden lebendigen **Nachtmärkte** mit Essständen (tgl. ab 16.00 Uhr frischester Fisch zu Spottpreisen). Eine **Perlenfarm** mit Ausstellung (ca. 8 km südl. von Duong Dong) zieht meist asiatische Touristen für Einkäufe an. Auf Erkundung warten Strände und **Fischerdörfer** (Ganh Dau im Nordwesten, An Thoi im Süden), Kaskaden und Höhlen. Der **Nationalpark** mit 600 m hohen Inselbergen ist derzeit noch militärisches Sperrgebiet. In der Nähe des Dorfs Suoi Lon erhebt sich der **Chua Ho Quoc**, ein riesiger Pagodenkomplex mit vielen Statuen und toller Aussicht, wenn man erst die lange Drachentreppe erklommen hat.

HOTELS
Luxusherberge am Truong-Strand: €€€€ **La Veranda Resort Phu Quoc – MGallery Collection** (Tran Hung Dao, Tel. 02 97 3 98 29 88, www.sofitel.com) verbreitet einen Hauch Kolonialzeit in 70 eleganten Zimmern und Villen, mit Pool in einem üppig grünen Tropengarten. 2012 eröffneten die 13 Ziegelstein-Bungalows des € € **Coco Palm Beach** (Bai Ong Lang, Tel. 02 97 3 98 79 79, www.cocopalmphuquoc.vn) am einsamen, mit Palmen bestandenen Ong-Lang-Strand, schöner Garten, nette vietnamesische Gastgeber.

RESTAURANTS
Im € **So True** (Ong Lang, Mobil-Tel. 09 4 3 42 22 26) kommt alles frisch aus dem Wok auf den Tisch! Im Familienlokal €/€€ **Sakura** (Zugangsstr. zum Bai Ong Long, Tel. 02 97 3 98 51 37) serviert Frau Kiem Hausmannskost, Fischgerichte und leckere Currys.

INFORMATION
www.visitphuquoc.info, www.phuquocislandguide.com (Infos und Touren in allen Hotels und Reisebüros); Anreise über International Airport Phu Quoc (siehe auch „Service"); tgl. moderne Tragflächenboote und Katamarane ab Rach Gia (2,5 Std.) und Ha Tien

MEKONGDELTA
54 – 55

Genießen   Erleben   Erfahren

Nicht ohne Taucherbrille

DuMont Aktiv

Die Tauchgründe Phu Quocs zählen mit Sichtweiten von bis zu 15 Metern zu den besten in Vietnam – wenn das Wetter mitspielt … Das Wasser im Golf von Thailand ist konstant warm. In der Fauna tummeln sich Seepferdchen und Steinfische, Bambushaie und Nacktschnecken, Tintenfische und Seeschlangen. Man trifft auf Meeresgetier in den skurrilsten Formen und Farben, etwa den Blaupunktrochen oder die giftigen Skorpionfische.

Für Anfänger ist die Schildkröteninsel Hon Doi Moi im Nordwesten der Insel (nahe Dai Beach) mit ihrem eher flachen Gewässer (bis zu 10 Metern) und einigen kleinen korallenreichen „Canyons" mit vielen tropischen Fischen besonders geeignet. An der Nail Island verstecken sich gerne Barrakudas und Riesenkugelfische. Das kleine An-Thoi-Archipel im Süden ist eher für Fortgeschrittene, es herrschen bisweilen starke Strömungen. Hier lassen sich öfter Riffhaie und Stachelrochen blicken.

Die beste Tauchzeit auf Phu Quoc ist Oktober bis April, aber je nach Region bieten sich die anderen Monate ebenfalls für Vietnam an. Westlich geführte PADI-Tauchschulen finden sich in allen größeren Badeorten und Hotels, sowohl in Nha Trang als auch auf Con Dao und Whale Island.

Weitere Informationen

Rainbow Divers
11 Tran Hung Dao,
Tel. (mobil): 091 3 40 09 64
www.divevietnam.com

Rainbow Divers ist der größte PADI-Tauchanbieter Vietnams.

Explorer PADI Dive Center
36 Tran Hung Dao, Duong Dong, Tel. 02 97 3 84 63 72, (mobil) 016 95 33 37 27, www.vietnamexplorerdiving.net

Kosten: Open-Water-Kurs auf Phu Quoc, 4 Tage, im Allgemeinen ca. 300 €

SÜDLICHE KÜSTE UND HOCHLAND
56 – 57

Vom Strand in die Berge und zurück

Im Landessüden kann man herrlich auf den Spuren der einstigen Entdecker wandeln, der Pioniere in Historie und in Gegenwart. Ob am Strand oder auf dem Gipfel, ob Ritt auf dem Wellenkamm oder dem Elefantenrücken, ob Surfervolk oder Bergstamm: Die Gegend verheißt jede Menge Abwechslung zwischen Beach und Berg – man muss sich nur noch entscheiden.

Scheinbar unendlich weit ziehen sich die Sanddünen von Mui Ne, die in Farben von Goldgelb bis Orange changieren.

Mui Ne ist der Hotspot für Kiter und Surfer – klar, dass der Himmel hier oft
mit bunten Segeltupfen übersät ist.

Es gibt nur ein Wort dafür: Traumstrand.
Dieser gehört zum Coco Beach Resort in Mui Ne.

SÜDLICHE KÜSTE UND HOCHLAND

Wo der eine sich über eine steife Brise im Segel freut, ...

... hört die andere lieber dem Meeresrauschen zu – wie im Ana Mandara in Nha Trang.

Surfer und Kiter aus aller Welt kreuzen mittlerweile bei den guten Windbedingungen die Wege der Fischer.

„Als wir das Land gepachtet haben, dachten alle unsere Bekannten, wir wären verrückt", erzählt die deutsche Hotelbesitzerin Jutta Rattensperger noch heute lachend. Anfang der 1990er-Jahre entdeckten sie und Daniel Arnaud drei Autostunden nördlich von Saigon einen kilometerlangen goldgelben Strand unter Kokospalmen, ein sonnenverwöhntes Fleckchen Erde: die Halbinsel Mui Ne. Einen Katzensprung ist sie von der Stadt Phan Thiet entfernt, wo am Hafen Berge von silbrig glänzendem Fisch trocknen und vor sich hin stinken. Ausgerechnet dort, wo die berühmte Fischsauce Nuoc Mam gepresst wird, wollten die beiden ihren lang gehegten Traum verwirklichen.

Pionier in Sachen Tourismus

Fisch hin oder her, mit viel Liebe zum Detail hat das deutsch-französische Pärchen 1995 das Coco Beach Resort ans Meer gezaubert, eine schöne Anlage mit Pfahlhäuschen aus Holz und Palmdach. Heute gelten die beiden als erfahrene Pioniere im Umgang mit den sozialistischen Bürokraten des Volkskomitees.

Denn der Geheimtipp sprach sich bald herum, es gibt an die 200 Hotels aller Preisklassen an Mui Nes 21 Kilometer langem Strand. Mittlerweile sind es Surfer und Kiter aus aller Welt, die bei den guten Windbedingungen hier die Wege der Fischer kreuzen ...

Reichlich zappelnde Beute

Vietnam hatte bis 1993 an seiner 3200 Kilometer langen Küste keinen einzigen Strandbungalow unter Palmen. Denn die vietnamesischen Strände waren und sind fest in der Hand von Fischern. Kaum hat sich eine fischreiche Strömung in Strandnähe verirrt, tuckern unzählige Kähne in einer Reihe hintereinander her, keine 20 Meter parallel zum Strand. Ist dann die zappelnde Beute in dem langen Schleppnetz vom gesamten Dorf an Land gehievt worden, brausen die Mopeds mit dem in Styropor-Kästen verstauten Frischfisch über den Strand. Wer hier baden oder flanieren will, tut dies sozusagen am Fisch-Highway No. 1.

Im Kampf gegen die Malaria

Anno 1892: Unheimlicher Dschungel, Tiger, Krokodile und hohe Berge versperren den Weg ins benachbarte Reich der Khmer. Nur einer wagt sich über die Truong-Son-Bergkette in das verrufene zentrale Hochland von Da Lat, wo die „Wilden", die Moi, leben: Doktor Alexandre Yersin, französischer Arzt und Entdecker des Pesterregers, soll im Auftrag der Franzosen Routen für den Straßenbau – und Naturreichtümer – finden.

Das Tal der Liebe: Mancher wagt sich auf schwankender Brücke ins Glück, mancher auf gefiedertem Rücken. Das alles vor der Kulisse idyllisch gelegener Seen.

Eindrucksvoll und mit heftigen Rhythmen:
die Folklore-Show bei Da Lat

Auf dem Rücken der Elefanten durch die Wasserfall-Landschaft bei Da Lat. Ohne Zweifel ein sehr touristisches Vergnügen – aber was für eines!

Sie strömen in Scharen zum „Seufzersee" und ins „Tal der Liebe" – die verliebten Flitterwöchner.

Bei seinem dritten Vorstoß in die bergige Wildnis hoch zu Ross begleiten der Priester Robert und zwei Stammesangehörige den Abenteurer Yersin. Es geht auf 1000 Meter Höhe, vorbei an Tälern, Schluchten und Stauseen, Wasserfällen, Wildbächen und Baumriesen. Mit dem Theodoliten (einem Vermessungsgerät) und einem Gewehr bahnen sie sich den Weg zum 2400 Meter hohen Langbiang-Berg. Bis Banditen ihnen auflauern: Ein Speer streift Yersins Brust. Dann macht Malaria ihnen zu schaffen.

Danach geschieht alles wie im Zeitraffer: Straßen bohren sich durch die Kiefernwälder. Kurz nach der Jahrhundertwende ist Da Lat ein exklusiver Luftkurort auf 1500 Metern. Die französische Aristokratie bleibt bei Großwildjagden, Golfspiel und am Kaminfeuer unter sich, lediglich Kaiser Bao Dai darf sich dazugesellen. Man pflanzt Erdbeeren und Spargel, Tulpen und Gladiolen – die bis heute hier gedeihen.

Honeymoon am Seufzersee
Heute ist die „Stadt des ewigen Frühlings" das Ziel von Tausenden einheimischen Flitterwöchnern. Sie strömen in Scharen zum „Seufzersee" und ins „Tal der Liebe", wo „Cowboys" mit Ponys, Tretboote und Picknickplätze warten. Kein Wunder, denn es existiert eine romantisch-tragische Legende zur seen-

In Kürze geht's wieder hinaus:
Fischer säubern die Netze bei Phan Thiet.

So viel Traffic vor dem Strand von Mui Ne – aber wer später mal mitfischen will, harrt mutig auch allein im traditionellen Korbboot aus ...

Kaum hat sich eine fischreiche Strömung in Strandnähe verirrt, tuckern unzählige Kähne hinaus.

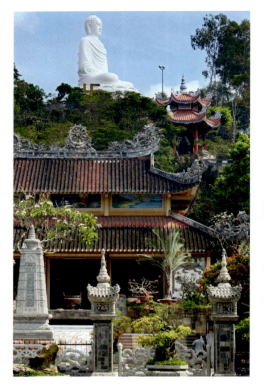

Der Weiße Buddha thront hoch über der Long-Son-Pagode in Nha Trang.

Mit schönem Dachschmuck ist die Neue Pagode beim Cham-Turm in Phan Thiet verziert.

In Vietnam leben zahlreiche ethnische Minderheiten, darunter die Raglai (links). Wie in jenem Volk spielt Tradition auch bei den Cham weiterhin eine große Rolle; hier bei einem Tanz bei den Po-Nagar-Türmen (rechts).

An der Long-Son-Pagode in Nha Trang ist eine große Schule für Mönche angesiedelt.

Aus Ziegeln sind die Türme von Po Nagar erbaut, die der gleichnamigen Muttergöttin der Cham geweiht sind.

Volk der Cham

Zwischen Shiva und Allah

Sie verehrten Shivas Phallus und die göttliche Mutterbrust: die Cham – vom 4. bis 15. Jahrhundert mit ihrem Champa-Reich eines der mächtigsten Völker in Südostasien.

Im südlichen Zentrum Vietnams wird man ihrem architektonischen Erbe und den Nachfahren häufiger begegnen: Das Champa-Reich der Cham-Könige erstreckte sich bis ins heutige Kambodscha. Sie hinterließen einige der wichtigsten und schönsten Ruinenstätten, häufig aus Ziegelsteinen erbaut. Von den einst 250 Tempelstätten sind jedoch nur noch rund 20 erhalten, so das UNESCO-Welterbe My Son bei Hoi An. Im Süden liegen die Kultstätten Po Klong Garai mit den vier typischen, in Form von Lotosblüten gestalteten Türmen (bei Phan Rang) und das Cham-Heiligtum Po Nagar (bei Nha Trang). Einen guten Überblick über diese Hochkultur bietet das hervorragende Cham-Museum in Da Nang.

Töpferwerkstatt im Cham-Dorf Bau Truc

Ist in den historischen Stätten an Architektur und Symbolen der hinduistische Glaube unverkennbar (etwa der Lingam als Phallussymbol für den Hindugott Shiva), so gehören die letzten rund 100 000 Cham in Vietnam heute dem Islam an, allerdings in einer sehr gemäßigten Variante: Sie pilgern nicht nach Mekka, ein Freitagsgebet ersetzt das fünfmalige Beten am Tag und gefastet wird zum Ramadan nur drei Tage lang.

reichen Gegend um Da Lat: Danach war das Gebiet von jeher der Lebensraum von zwei verfeindeten Stämmen: der Lat und der Chill. Es kam, wie es kommen musste. Lapbe, ein Sohn der Chill, verliebte sich eines Tages in die Tochter des Lat-Häuptlings: Langbiang. Letztendlich starb Letztere für ihren Geliebten, der daraufhin einen endlosen Tränenstrom vergoss – den Da-Nhim-Fluss.

Der Kaiser in Badehose

Zurück an die Küste. In Nha Trang sind nach dem Forscher Yersin Museum, Krankenhaus und eine Straße benannt: Der Wissenschaftler rettete vielen Fischern vor rund 100 Jahren mit meteorologischen Vorhersagen für Taifune das Leben. Nha Trang, das einstige Fischernest, ist der älteste, quirligste und multikulturellste Badeort Vietnams – und das schon seit Kaisers Zeiten! In Bao Dais Villa im Süden, einem staatsgeführten Hotel, könnte man denken, die Zeit sei stehen geblieben (auch angesichts des Mobiliars...). Palmen und Kasuarinen, Flamboyants und Meerestrauben säumen heute den breiten, langen Strand an der Promenade, Boote schwärmen täglich aus zu den vorgelagerten Inseln und Korallenbänken. Tauchen, Wasser- und Jetski, Windsurfen, Segeln und Parasailing – kein Wunsch bleibt hier offen.

UNSERE FAVORITEN

Die stimmungsvollsten Tempel und Pagoden

Ein religiöses Tohuwabohu

In den Pagoden und Tempeln Vietnams herrscht kunterbuntes Multikulti, ein reines Chaos der Götter und Religionsbegründer: Buddha und Jadekaiser, Shiva und Höllenfürst treten in ihnen auf. Aber es gibt auch stille Oasen der Besinnung – von allen guten Geistern verlassen ist man hierzulande jedenfalls nie!

1 Pagode des Jadekaisers (Chua Ngoc Hoang)

Wenn man in Vietnam nur Zeit hätte, um lediglich einen einzigen Tempel anzuschauen, dann müsste es der Chua Ngoc Hoang (auch: Phuoc Hai Tu) sein. Diese von Rauchschwaden verqualmte, von Paukenschlägen erfüllte und farbensprühende Pagode ist der Sitz des Jadekaisers, des meistverehrten Weltenherrschers aus der taoistischen Philosophie. Unter den Augen von Göttern, Generälen und guten Geistern, Buddhas, Bodhisattvas und anderen „erleuchteten" Wesen schiebt man sich durchs Gedränge, durchquert einmal die Hölle und hofft ein paar Schritte weiter auf Wiedergeburt. Dabei hilft: Räucherstäbchen anzünden, einen Obolus in die Spendenbox legen und auf das Wohlwollen der Pappmaché-Figur mit den drei Bartzipfeln vertrauen.

73 Mai Thi Luu, Saigon, 1. Bezirk,
tgl. 6.00 – 18.00 Uhr

2 Thien-Hau-Pagode (Chua Thien Hau)

Die reinste Augenweide bietet sich hier: Der „Tempel der himmlischen Frau" (auch: Chua Ba) gilt als schönste Pagode Saigons. Er ist ein Musterbeispiel südchinesischer Tempelarchitektur mit kunstvoller Fassaden- und Dachdekoration. Die am Dachfirst versammelten Gelehrten, Könige, Prinzessinnen, Drachen und gehörnten Teufelchen wirken so realistisch – man würde sich kaum wundern, wenn sie urplötzlich zum Leben erwachten. Wer hier eine der riesigen Räucherspiralen spendet, kann seine Wünsche mit den Rauchschwaden himmelwärts an die Meeresgöttin Thien Hau persönlich schicken. Übrigens: Das kleine Bett mit dem Vorhang am Schrein der Fruchtbarkeitsgöttin Kim Hue, an dem oft Ehepaare um Nachwuchs bitten, ist nur symbolisch gemeint ...

710 Nguyen Trai, Saigon, 3. Bezirk (Chinatown),
tgl. 6.00 – 17.30 Uhr

3 Cao-Dai-Tempel

Mal ganz was anderes: Trance und Botschaften, ein göttliches Auge ... In der bizarren Cao-Dai-Sekte, die seit 1927 mit okkulten Riten und den Lehren aller Religionen praktiziert, kann jeder nach seiner Façon glücklich werden. Und auch die hinduistische Dreieinigkeit von Brahma, Shiva und Vishnu darf hier natürlich nicht fehlen. Beim meist überlaufenen mittäglichen Gottesdienst in dem bunten Gotteshaus befindet man sich in einem erlebenswerten Farbenrausch.

Long Hoa (Dorf), Tay Ninh, ca. 95 km westlich von Saigon, www.caodai.org, tgl. Messen 6.00, 12.00, 18.00 und 24.00 Uhr

UNSERE FAVORITEN
66 – 67

5 Ta-Cu-Berg

So müssen Orte der Erleuchtung aussehen! Auf dem fast 700 Meter hohen Ta-Cu-Berg (auch: Takou) hat sich einer der längsten Buddhas in Vietnam zur Ruhe gelegt. Der Shakyamuni-Buddha misst von seinem Haupt bis zu den gigantischen Zehenspitzen ganze 49 Meter. Eine zweistündige Wanderung durch den schattigen Wald führt zum „Erleuchteten"– aber auch wer die moderne Schweizer Seilbahn nimmt, wird nach zehn Minuten mit einem sagenhaften Panorama bis hin zur Küste belohnt.

Ta Cu, Tan Lap, ca. 30 km südwestlich von Phan Thiet, Seilbahn: tgl. 7.00 – 11.00 und 13.30 – 17.00 Uhr, am Wochenende bis 17.30 Uhr, Eintritt/Seilbahn: 250 000 VND VND (ca. 9 €)

6 Thien-Mu-Pagode

Die Drachenboote auf dem Song Huong knattern um die Wette, meist hetzen die Touristen die steile Treppe ins Heiligtum hinauf zum wunderschönen siebenstöckigen Pagodenturm und nach ein paar Fotos wieder hinunter. Schade drum, denn die „Parfüm-Pagode" (Chua Thien Mu) ist nicht nur wegen ihrer romantischen Lage am Flussufer in Hue und den vielen Legenden einen Besuch wert. Sie ist auch ein kleines buddhistisches Lehrzentrum, und mit etwas Zeit und Neugier kommt man vielleicht mit den jungen Novizen ins Plaudern.

Am Nordufer des Parfümflusses, ca. 5 km westlich der Zitadelle, Hue, tgl. 7.00 – 17.00 Uhr

7 Bach-Ma-Tempel

Klein und unauffällig, fast läuft man daran vorbei – der Bach Ma, der „Tempel des weißen Pferdes", ist eine Oase in der trubeligen Altstadt: Meist herrscht friedliche Stille und man kann in aller Ruhe die rot-gold lackierten Säulen und Altäre bestaunen und in die Geschichte eintauchen – etwa als König Ly Thai To sich im Jahre 1010 von einem weißen Pferd, dem „bach ma", zu der Stelle geleiten ließ, an die er die alte Hauptstadt aus Hoa Lu verlegen ließ.

76 Hang Buom, Hanoi, Hoan-Kiem-Bezirk (Altstadt), Di. – So. 8.00 – 11.00, 14.00 – 17.00, Fei. 8.00 bis 21.00 Uhr, z. B. am 1. und 15. Tag des Mondmonats

4 Po-Nagar-Tempel

Damit wären wir bei der Cham-Minderheit, vom 4. bis 15. Jahrhundert eines der mächtigsten Völker Südostasiens, das bei seinen Ritualen Shivas Phallus und die göttliche Mutterbrust verehrte. Im Heiligtum von Po Nagar mit seinen vier gedrungenen Ziegelsteintürmen haben Sie die seltene Gelegenheit, in Vietnam einen einst hinduistischen Tempel zu bewundern: Die im Nordturm verehrte Gottheit, die göttliche Ur-Mutter und Fruchtbarkeitsgöttin des Cham-Volkes, ist eher von zweifelhaftem künstlerischem Wert, aber der tanzende Shiva über dem Portal ist ein Meisterwerk! Er wirkt so lebendig, fast sieht man seine vier Arme um ihn herumwirbeln.

Thap Ba, Nha Trang, tgl. 6.00 – 18.00 Uhr, Eintritt: 22 000 VND (ca. 1 €)

INFOS & EMPFEHLUNGEN

SÜDLICHE KÜSTE UND HOCHLAND

Meeresrauschen und Elefantenritt

An der südvietnamesischen Küste locken die beiden bekanntesten Badeorte Badenixen, Surfer und Kiter an. Im Hochland überrascht Da Lat, die „Stadt des ewigen Frühlings" (in der es allerdings nicht selten regnet), mit Gemüsefeldern auf Terrassen, Blumenfesten und: Erdbeermarmelade!

❶ Phan Thiet / Mui Ne

Die Hafenstadt Phan Thiet (200 000 Einw.) und ihre rund 20 km entfernte palmenbestandene Peninsula **Mui Ne TOPZIEL** ziehen Surfer und Kiter wegen guter Windbedingungen an.

SEHENSWERT
Leuchtend orangerote oder schneeweiße **Sanddünen** geben dem Strandort ein exotisches Antlitz, auf Plastikschalen kann man die Sandhügel hinunterrutschen. Leider knattern hier morgens schon Quadbikes und Jeeps. Die drei kleinen **Pho-Shanu-Türme** aus dem 8. Jh. sind ein Überrest der Cham-Herrschaft, mit schönem Rundblick (tgl. ca. 8.00 – 17.00 Uhr).

AKTIVITÄT
Mui Ne ist der Hotspot für **Surfen** und **Kitesurfen** (www.windsurf-vietnam.com, s. S. 71).

HOTELS
Die nur 16 palmwedelgedeckten Häuschen der €€€ **Cham Villas** (32 Nguyen Dinh Chieu, www.chamvillas.com) gehören zu den schönsten Strandanlagen in Mui Ne: mit liebevoller Deko, tropischem Garten und deutscher Küche. Im familiär geführten €€€ **Coco Beach Resort** (km 12,5, 58 Nguyen Dinh Chieu, www.cocobeach.net) verteilen sich 34 Pfahlhütten am Strand und im Garten – kein TV, aber Klimaanlage und WiFi, Pool und Kinderbecken.

RESTAURANT
Originelles Fusion-Food wird in der €€€ **Sandals Bar & Restaurant** (24 Nguyen Dinh Chieu, im Mia Resort, Tel. 02 52 3 84 74 40, www.miamuine.com) geboten, gleich am Strand.

UMGEBUNG
Lohnendes Ausflugsziel mit einer Bergwanderung ist der 700 m hohe **Ta-Cu-Berg** (bei Tan Lap; s. S. 67). Er zieht Pilger ins **Linh-Son-Truong-Tho-Kloster** (ca. 30 km südwestl. von Phan Thiet, tgl. 7.00 – 11.00, 13.30 – 17.00 Uhr, Seilbahn vorhanden).

INFORMATION
www.muinetourism.vn

Übergroßer Buddha in Da Lat, dessen Umland man auch per Kutsche befährt. Der Wind hinterlässt Spuren in den Dünen bei Phan Thiet.

❷ Da Lat

Die einst verschlafene Stadt im Hochland (200 000 Einw.) zieht einheimische Touristen in ihren Flitterwochen und Blumenliebhaber an wie auch Actionsportler und Golfspieler. Im Umkreis der Stadt werden Blumen, vor allem Orchideen, gezüchtet und Obst und Gemüse angebaut. Daher gibt es hier Produkte aus Erdbeeren und kandierte Früchte zu genießen.

SEHENSWERT
Im **Bao-Dai-Sommerpalast „Dinh 3"** im eher nüchternen Art-déco-Stil kann man einen Abstecher in die wenig pompöse Welt des letzten Kaisers unternehmen, inklusive Verkleidung mit des Kaisers Kleidern (2 Le Hong Phong, tgl. 7.30 – 11.30, 13.30 – 16.30 Uhr).
Die **Hang-Nga-Villa (Crazy House)** ist ein ebenfalls skurriles Bauwerk einer vietnamesischen Architektin, das auch als Galerie und Pension fungiert – mit einigem verspie(ge)ltem Schnörkel (3 Huynh Thuc Khang, www.crazyhouse.vn, tgl. 8.30 – 19.00 Uhr).

AKTIVITÄTEN
Die Hochlandregion bei Da Lat ist zum **Trekking** beliebt (z. B. Footprint Vietnam: www.footprint.vn). **Actionsport** von Abseiling bis Canyoning bietet Phat Tire Ventures (109 Nguyen Van Troi, Tel. mobil 098 6 61 88 61, www.ptv-vietnam.com).

VERANSTALTUNG
Das **Blumenfestival** im Dezember begeistert mit Farbenpracht (Rosen, Tulpen, Orchideen) und einer Prozession – alle zwei Jahre (2019).

HOTELS
Das €€ **Ngoc Lan** (42 Nguyen Chi Thanh, www.ngoclanhotel.vn) beherbergt Gäste in 91 schicken Parkettzimmern mit Seepanorama. Bestes Haus am Ort: das €€€ **Ana Mandara Villas Dalat & Spa** (Le Lai, www.anamandararesort.com) mit antik eingerichteten Zimmern in restaurierten Kolonialvillen; beheizter Pool.

INFOS & EMPFEHLUNGEN

UMGEBUNG
Vom hübschen Bahnhof Da Lats fährt eine alte Eisenbahn (Bhf. in der Quang Trung St., 7.45 bis 16.00 Uhr, Zugticket 125 000 VND/ca. 5 €) ca. alle zwei Stunden in den 8 km entfernten Ort **Trai Mat,** wo die mit Keramik verzierte **Linh-Phuoc-Pagode** ein beliebtes Fotomotiv ist. Von dort läuft man 7 km zum Tiger-Wasserfall. Im **Tal der Liebe** (Thung Lung Tinh Yeu, 5 km nördl. von Da Lat) vergnügen sich Ausflügler beim Ponyreiten, Picknick, Souvenir-Kaufrausch, auch bei Bootsfahrten auf dem **„Seufzersee" Ho Than Tho** (5 km bzw. 6 km östl. von Da Lat, tgl. 8.00 – 18.00 Uhr). Wer wandern will, kann zum Gipfel des rund 2 000 Meter hohen **Langbiang-Bergs** (Nui Ba) aufbrechen – oder am Fuße des Berges ein Dorf der **Lat-Minderheit** besuchen (12 –15 km nördl. von Da Lat, 4- bis 5-Stunden-Wanderung, ca. 9 km, bei Regen nicht zu empfehlen).

INFORMATION
Da Lat Tourist, 1 Le Dai Hanh, Da Lat, Mobil-Tel. 09 8 1 16 60 88, www.dalattourist.com.vn

③ Nha Trang

Zum trubeligen Badeort (450 000 Einw.) gehören Wassersport, Inselhopping, Partys; Kulturinteressierte besuchen den Cham-Tempel.

SEHENSWERT
Das Cham-Heiligtum **Po Nagar** (über die Brücke im Norden der Stadt erreichbar; s. S. 67) besteht heute aus vier Türmen (7. – 12. Jh.). Bei einem Fest (zwischen März und Mai) wird Po Nagar in einer Prozession zum Meer gebracht und gereinigt. Ein weißer Buddha auf einer Lotosblüte erhebt sich weithin sichtbar auf dem Trai-Thui-Hügel, ein weiterer Buddha hat sich etwa nach der Hälfte der 152-stufigen Treppe in der **Long-Son-Pagode** wie zur Ruhe gelegt (Thai Nguyen, tgl. 7.00 – 18.00 Uhr).

Fischerboote sind bei Nha Trang ins Licht der aufgehenden Sonne getaucht.

Von eigenem Zauber ist der Sumpf im Nationalpark Yok Don.

HOTELS
Einzige wirkliche Strandherberge in der Stadt ist das €€€/€€€€ **Evason Ana Mandara Nha Trang** (86 Tran Phu, www.sixsenses.com/evason-ana-mandara-nha-trang). In der kleinen €/€€ **La Paloma Villa** (1 Hon Chong, Tel. 02 58 3 83 12 16, email: lapalomavillant@gmail.com) fühlen sich vor allem Familien wohl.

RESTAURANT
Eine Institution ist das einfache € **Lac Canh** (44 Nguyen Binh Khiem, Tel. 02 58 3 82 13 91): Es ist immer voll, und stets steht fangfrischer Fisch auf der Speisekarte.

EINKAUFEN
Hong Chau Sa Sand Pictures: „Sandmalereien" aus 30 versch. Sandfarben sind im Hon Chong Club House (4 B Na Tho, Eintritt ca. 1 €) sowie in Shops bei der Tempelruine Po Nagar zu erwerben, in der 81 Tran Quang Khai und in der 6 Cau Da.

UMGEBUNG
Auf dem Weg von Da Lat nach Nha Trang erreicht man 8 km westl. von **Phan Rang** (mit Cham-Museum im Zentrum; 17, Nguyen Trai) die vier **Türme von Po Klong Garai** TOPZIEL. Sie gehören nach den My-Son-Ruinen (s. S. 72 ff.) zu den bedeutendsten der Cham-Herrschaft: Mit Bibliothek, Meditationshalle und Götterfiguren behaupten sie sich hier, seit Jaya Simhavarman III. sie Ende des 13. Jh.s errichten ließ – das hinduistische Heiligtum war dem gottgleichen Cham-Fürsten Po Klong Garai geweiht.

INFORMATION
Khan Hoa Tours, 1 Tran Phu, Nha Trang, Tel. 02 58 3 52 81 00, www.nhatrang-travel.com

④ Buon Ma Thuot

Die Stadt (200 000 Einw.) liegt inmitten der herrlichen Hügellandschaft und gilt als die Kaffee-Metropole Vietnams. Hier kann man auf Elefanten reiten, Nationalparks und Wasserfälle besuchen und Reisschnaps probieren.

> **Tipp**
>
> ## Stimmungsvoll
>
> Der Fotograf Long Thanh gehört zu den besten Fotografen Vietnams: Seine Schwarz-Weiß-Bilder, aufgenommen mit einer alten Leica, sind wunderbare Alltagsmotive, manchmal aus überraschender Perspektive zwischen Licht und Schatten. So etwa der Fischer, den er von unten aus dessen Netz mit der Kamera schoss – als fange der Fischer ihn, den Fotografen, ein und nicht umgekehrt. In seiner Galerie in Nha Trang kann man seine Werke auch als Poster-Andenken erstehen.
>
> ### INFORMATION
> 126 Hoang Van Thu, Tel. 02 58 3 82 48 75, www.longthanhart.com, Mo. – Sa. 8.00 – 17.30 Uhr

MUSEEN
Highlight im **Ethnologischen Museum** ist die Gong-Kollektion: Die Gong-Musik gehört seit 2005 zum (immateriellen) UNESCO-Weltkulturerbe; im zweiten Stock sind Propagandamaterial und Waffen zu sehen (12 Le Duan, tgl. 7.30 – 11.30, 13.30 – 16.30 Uhr).
Mehr als 10 000 Ausstellungsstücke des Hamburger Traditionsrösters und Sammlers Jens Burg beherbergt **Trung Nguyen Coffee Museum & Coffee Bar** (auch „**Coffee Village**"): antike Kaffeemaschinen, Kaffeemühlen und Dosen aus Kolonialwarenläden sind ausgestellt; mit Laden (Le Thanh Tong, Museum: tgl. 7.00 – 17.00, Kaffeehäuser: 7.00 bis 20.00 Uhr).

SÜDLICHE KÜSTE UND HOCHLAND
70 – 71

Tipp

Honeymoon

Auf einer abgeschiedenen Halbinsel bei Nha Trang versteckt sich das Six Senses Hideaway an einer sichelförmigen Bucht. Die 35 rustikalen Pool-Villen der Luxusherberge sind von außen nur zu erahnen. Exklusivität vermittelt nicht nur ein (Butler-)Service. Vor lauter Naturmaterialien und nagelloser Bauweise kommt der Gast nicht umhin, sich irgendwann zu wundern, warum nicht auch das Telefon und die HiFi-Anlage aus Rattan oder Bambus sind. Aber natürlich hat jeder Urlaubs-Robinson auch hier WLAN, um bei zu viel Honeymoon-Romantik und Öko-Idylle mal eben ins World Wide Web zu entfliehen.

INFORMATION
€€€€ **Six Senses Ninh Van Bay**, Ninh Hoa, ca. 50 km nördl. Nha Trang auf der Hon-Heo-Peninsula, www.sixsenses.com/SixSensesNinhVanBay

ERLEBEN
Wer schon immer mal auf einem Elefanten reiten wollte, kann dies in **Ban Don** TOPZIEL tun (ca. 50 km nordwestl. von Buon Ma Thuot; bei gebuchter Tour 25 – 30 €/Std., individuelle Buchung: ca. 250 000 – 500 000 VND/ca. 10 – 20 € pro Elefant und Stunde). Jedes Jahr im März findet das **Elefantenfest** mit Wettläufen, Bootsrennen und Folkloreshows statt.

UMGEBUNG
Der **Yok Don** ist der größte Nationalpark Vietnams, in dem sogar noch einige Dutzend wilde Elefanten überlebt haben sollen. Bei Wanderungen trifft man auf viele der rund 250 Vogelarten (37 km westl., Guide 20 – 30 US-$; es gibt auch einfache Zimmer, http://yokdonnationalpark.vn). Boot fahren und die Aussicht genießen kann man am **Dak-Lak-See** (ca. 50 km südl. von Buon Ma Thuot) – und trekken im Hochland von Dak Lak. Relikte der Cham finden sich in **Qui Nhon** (ca. 220 km nördl.).

INFORMATION
Dak Lak Tourist, 53 Ly Thuong Kiet, Tel. 02 62 3 85 22 46

Genießen   Erleben   Erfahren

Happy Surfing in Mui Ne

DuMont Aktiv

Schon am frühen Morgen wehen ihre Silhouetten übers Wasser – meist noch die der Anfänger, denn erst ab mittags geht mit stärkerem Wind hier richtig die Post ab: Die Surfer und Kiter haben ihr Lieblingsrevier in Mui Ne entdeckt.

Mui Ne gehört zu den Top Spots der Surferszene weltweit. Nichts für Warmduscher und Flachwasserrutscher, hier kommen Könner der Stufen 3 bis 6 auf ihre Kosten und jagen mit bis zu 80 Stundenkilometern über die Wellen.

Vor allem im Westen warten bunte Surfbretter, Body-Surfboards und Surfsegel auf Kundschaft. Beim „Starboard Vietnam Fun Cup" messen alljährlich im Februar Windsurfer aus aller Welt ihr Können im Slalom und Free Ride. Die Bedingungen dafür sind optimal in der regenarmen Region: Windstärken von 3 bis 7, manchmal sogar 8.

Beste Surfzeiten sind September/Oktober bis Dezember und fürs Kiten ab November bis Mitte April, auch der Januar eignet sich gut. Dann bläst der Nordost-Monsun kräftig und schräg auflandig: Beständige „Crossonshore"-Winde heißt das Zauberwort in Mui Ne, sodass der Enthusiast kilometerlang auf langen Dünungswellen parallel zur Küste reiten kann.

Und wenn es mal keinen Wind oder Wellen gibt? Für Flauten gibt's den neuesten Trend: SUP – beim „Stand Up Paddle" gleitet der Surfer auf dem Brett stehend mit einem Paddel übers Wasser.

Weitere Informationen

Fullmoon Beach Resort & Jibe's
Erstes Windsurfschul-Hotel von Vietnam
Kosten für Unterricht/Miete siehe diese Website:
www.windsurf-vietnam.com/jibes-water-sport-center-price-guide/

Jibe's
eine Woche Miete: 300 US-$ (Windsurfen) bzw. 800 US-$ (Kiten),
3 Std. Unterricht: 145 US-$
www.windsurf-vietnam.com

Wind Chimes Surf Center
eintägiger Kite-Unterricht: ab 75 US-$
www.kiteboarding-vietnam.com

ZENTRUM
72 – 73

Von einem Juwel zum anderen

Im Landeszentrum warten gleich vier UNESCO-Welterbestätten auf Entdeckung: Neben der alten Kaiserstadt Hue behaupten sich schon seit tausend Jahren die verwunschenen Cham-Ruinen von My Son und das chinesisch geprägte Hafenstädtchen Hoi An. Ein weiteres Highlight ist die Phong-Nha-Höhle – eine der längsten und geheimnisvollsten Grotten in Asien ...

Grotten durchziehen die Marmorberge, die mit eindrucksvollen Höhlenschreinen ausgestaltet sind.

Es ist schon atemberaubend, vor den Überresten der Tempelanlage von My Son (oben) zu stehen: Schließlich haben diese Jahrtausende überdauert! Ganz im Jetzt und Hier ist die Arbeit in der Landwirtschaft bei Hoi An verwurzelt.

Wäre es nicht ein realer Gemüsestand auf dem Markt von Hoi An, so müsste ein Künstler wohl erst diese Formen und Farben erfinden.

Die Wege ins Paradies sind bekanntlich mühsam – aber wo sind schon ganze Berge aus Marmor! Vom Gipfel der fünf Marmorberge liegt einem Mittel-Vietnam quasi zu Füßen. Wer die steile Treppe überwunden, sich über teils rutschige Marmorfelsen an der Hand von kindlichen Führern immer weiter hoch hinauf begeben hat, wird mit einem 360-Grad-Panorama belohnt. Die Augen schweifen von Da Nang über den Flughafen und die fünf zerklüfteten Kegel, bis sie schließlich an der Küste verweilen: Schier endlos zieht sich hier das weiße Sandband am blauen Ozean bis weit nach Süden, dorthin, wo Hoi An liegen muss.

Hell erleuchtet

Die Berge tragen die Namen von Elementen: Wasser, Erde, Feuer, Metall und Holz. Hier, steil über der Hafenstadt, thronen die Götter. Der Legende nach sind die Hügel entstanden, nachdem ein Schildkröten-Gott ein Ei ausbrütete: Die Schale zersprang in fünf Teile und eine Nymphe ward geboren. Schon das Volk der Cham huldigte hier seinen Hindu-Gottheiten, zum Beispiel in der Tam-Thai-Tu-Pagode am viel besuchten Thuy-Son-Berg – in dem einstigen Cham-Heiligtum verehren die Pilger heute den Buddha Shakyamuni.

In der hoch gewölbten Huyen-Khong-Grotte wird eine gigantische, aus dem Stein gehauene Buddhafigur um die Mittagszeit sogar „erleuchtet" – von Sonnenstrahlen, die durch die Löcher in der Höhlendecke fallen. Wächter sind ihr zur Seite gestellt. Paukenschläge hallen durch das Gewölbe, die Schwaden der Weihrauchstäbchen auf zahlreichen

Schon das Volk der Cham huldigte hier Hindu-Gottheiten.

Schreinen kringeln sich dem Tageslicht entgegen, Wurzelwerk und Pflanzen schlingen sich um Felsstufen und Wände. Ein Ort der Erleuchtung!

Faszinierendes auf Schritt und Tritt: Einheimische trinken in den Gassen Hoi Ans Tee, während sich für die Gäste Galerien, Schneidereien, Cafés öffnen – und traditionelle Wohnhäuser wie das Tan-Ky-Haus (unten rechts).

Die vielen Früchte und das Gemüse, das die Händlerinnen beim Zentralmarkt in Hoi An anbieten, sehen vielversprechend aus.

Traute Zweisamkeit ganz öffentlich: An der japanischen Brücke in Hoi An posiert ein Pärchen.

Truppen und Rettungsboote

Die Marmorberge waren nicht immer so friedlich. In den Höhlen steil über der Hafenstadt und den US-Militärkasernen verschanzt, schießt eine Guerilla-Frauen-Einheit mit nur 22 Raketen insgesamt 19 US-Flugzeuge ab und lehrt die Amerikaner das Fürchten. Denn in Da Nang hatte der Krieg begonnen – angesichts der Strandidylle heutzutage kaum zu glauben.

Am 8. März 1965 landeten am China Beach die ersten US-Bodentruppen mit rasselnden Panzerketten unter dem Kommando „Rolling Thunder" und richteten sich mit „Rest & Recreation"-Anlagen für nachfolgende 650 000 US-Marines ein – um „Charlie", so der US-Soldatenslang für den Vietcong, zu vertreiben. R & R stand übrigens für Surfen und Sonnen, Puffs und Bars.

Das deutsche Lazarettschiff „Helgoland" versorgte vor der Küste Da Nangs bis 1975 Kriegsverletzte. Manch einer wird sich an die Fernsehbilder der verwundeten Kinder erinnern, einige wuchsen als Waisen in Deutschland auf. Die Enkelkinder der Flüchtlinge servieren heute „Ho-Chi-Minh-Trail"-Cocktails in der Bar des Furama Resorts oder gehen auf Fischfang mit den traditionellen runden Thung-Chai-Korbbooten – wie eh und je. Die Boote sind aus Bambus geflochten, mit Harz abgedichtet und werden stehend mit einem Paddel in der Hand über die Wellen manövriert.

Kaufrausch in Bilderbuch-Gassen

Die Altstadt in der chinesischen Fischersiedlung aus dem 17. Jahrhundert ist ein einziges Freilichtmuseum: In Hoi An reihen sich die ältesten Kaufmannshäuser und teakhölzerne Shophouses aneinander, darunter das Tan-Ky-Haus oder auch das Quan-Thang-Haus in der Tran-Phu-Straße. Eine Schale kleiner Bananen steht auf dem Ahnenaltar in Letzterem, ein leichter Luftzug bringt die Ballonlampen in Bewegung und die Windglöckchen zum leisen Bimmeln – eines der ältesten Handelshäuser aus dem Jahr

Die Thien-Mu-Pagode ist die älteste ihrer
Art in der UNESCO-Welterbe-Stadt Hue.

Das Kaisergrab Khai Dinhs in Hue strahlt Würde aus, sowohl im Außenbereich
mit den zahlreichen Statuen und dem filigranen Bauschmuck ...

... als auch im Innenbereich mit seinen strahlend bunten Verzierungen,
die Einrichtungen, Wände und Decken malerisch überziehen.

Auf dem Rücken des Elefanten geht es schwankend am Mittagstor der Zitadelle von Hue vorbei.

Lässiges Päuschen in der Zitadelle vor dem goldenen Drachen, Symbol kaiserlicher Macht

Höhlensystem Phong Nha

Special

Abstecher in die Unterwelt

Gruppen mit bis zu 100 Personen sind keine Seltenheit in der Phong-Nha-Höhle.

In das nahe Dong Hoi gelegene Weltnaturerbe Phong Nha geht es zu Fuß, per Boot oder Caving – in eines der aufregendsten Höhlensysteme in Asien!
Tropfsteine glitzern in der Phong-Nha-Höhle im Ke-Bang-Nationalpark: Reste von Altären der Cham befinden sich noch hier, und natürlich nutzten auch die Vietcong die Höhlen als Versteck. 15 Grotten kann man in der Höhle begehen, doch reicht das Höhlenareal sehr viel weiter. Atemberaubend und weniger kommerzialisiert ist die 31 km lange „Paradies"-Höhle (Thien Duong), die erst 2005 entdeckt wurde. Der Eingang versteckt sich in einem engen Tal mit dschungelartiger Vegetation. 524 Stufen geht es aufwärts, dann 200 Stufen abwärts in den Höllenschlund durch die kühle Welt der Stalagmiten und Stalaktiten.

1690 mit seinen winzigen Innenhöfen wird noch immer von der Nachfahren Thai Quang Thangs bewohnt. Sie verkaufen heute auch Souvenirs, natürlich. In den Gassen: Lampions in allen Farben, hübsche Seidenblusen und Essstäbchen. Oder wie wäre es mit Flipflops mit Bambusfußbett und Zimt-Riemchen – nach ayurvedischem „Rezept" genau das Richtige für die heißen Füße!

Zwischen all dem Kunterbunten kaum noch zu sehen – die beiden „Mat-Cua"-Augen über den Türen von Wohnhäusern und Tempeln, eine architektonische Besonderheit Hoi Ans: Sie beschützen Bewohner und Besucher vor dunklen Mächten – und womöglich auch vor hartnäckigen Fremden beim Feilschen um den Kegelhut.

Verkleiden wie die Kaiser

In der alten Kaiserstadt Hue gerät man schnell in Sightseeing-Stress: Nach einem Tag auf den Drachenbooten, nach dem Grab-„Marathon" mit Besuch der drei wichtigsten Kaisergräber, nach dem Posieren in des Kaisers Zitadelle, verkleidet in kaiserlichen Roben, ist es nun vielleicht an der Zeit, auch wie der Kaiser zu dinieren. Denn „haute cuisine" findet man heute noch am besten ausgeprägt in der Gegend um Hue vor – etwa bei einem neungängigen „Royal Dinner".

UNSERE FAVORITEN

Die geschichtsträchtigsten (Kolonial-)Hotels

Auf Zeitreise unterwegs

Wer auf den Spuren von William Somerset Maugham, Graham Greene oder Marguerite Duras durch Vietnam pilgert, will auch mal in historischem Ambiente wohnen. Kein Problem: Genießen Sie bei einem Drink den Sonnenuntergang über dem Mekong, lehnen Sie sich zurück und tauchen Sie ein in die guten alten Zeiten – etwa beim Schmökern alter Klassiker.

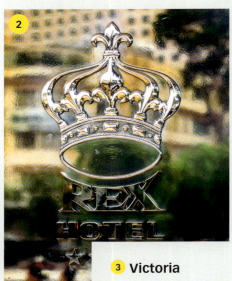

1 Continental

Das älteste Hotel Saigons galt westlichen Journalisten und Schriftstellern schon lange vor dem Vietnamkrieg als Treffpunkt. So hielt sich beispielsweise William Somerset Maugham hier in den 1920er-Jahren auf. Doch richtig berühmt gemacht hat den klassisch-schönen Kolonialbau von 1880 erst Graham Greene, der in den frühen 1950er-Jahren in Zimmer 214 wohnte. Sein Roman-Schauplatz für „Der stille Amerikaner" war vor allem die Hotelveranda – man erinnert sich, spätestens seit der jüngsten Verfilmung des Klassikers 2002 mit Michael Caine. Er spielte die Hauptrolle, den britischen Korrespondenten Thomas Fowler, der während des ersten Indochinakriegs mit dem jüngeren mysteriösen Amerikaner Pyle um seine schöne vietnamesische Geliebte buhlt. Wer hier geschichtsträchtig, aber bezahlbar wohnen möchte (die herrliche Oriental Suite hat ihren Preis …), nimmt ein Zimmerchen zum Garten – die sind ohnehin meist ruhiger.

€€/€€€€ Hotel Continental, Dong Khoi 132–143, Saigon, 1. Bezirk, Tel. 08 38 29 92 01, www.continentalsaigon.com

2 Rex

Man muss hier nicht unbedingt wohnen, das Rex ist auch kein richtiger prachtvoller Kolonialbau, eher ein ehemaliges Autohaus aus den 1920ern – aber das Rooftop Garden Restaurant gehört zu einem Saigon-Besuch wie der Kegelhut als Mitbringsel zu jeder Vietnamreise. Das legendäre Hotel, zu erkennen an der auffälligen goldenen Krone im 5. Stock, ist mit seinem Dachgarten ein beliebter Treffpunkt, der sogar über 24 Stunden Tag und Nacht seine Gäste versorgt – bei bestem Panorama. Hier fanden während des Vietnamkriegs die täglichen Pressekonferenzen, die „Five o'clock Follies", der US-Armee statt, die mit geschönten Darstellungen und falschen Zahlen die US-Bevölkerung daheim beruhigen sollten. Doch diese Zeiten sind lange vorbei – heute regieren in der Passage am Hotel Chanel, Prada & Co.

€€€/€€€€ Hotel Rex, 141 Nguyen Hue, Ecke Le Loi, Saigon, 1. Bezirk, Tel. 08 38 29 21 85, www.rexhotelvietnam.com

3 Victoria

Eines der landesweit schönsten Hotels im Kolonialstil hat im Mekongdelta sein Domizil. Das Victoria Chau Doc ist zwar nur ein Nachbau – aber was für einer! Und für manch anspruchsvoll Reisenden ist es die Rettung nahe der kambodschanischen Grenze, denn viel Auswahl gibt es hier nicht. Das Luxushotel bietet nostalgisches französisch-vietnamesisches Flair. Wie wäre es mit einem romantischen Dinner auf der Flussveranda des Victoria? Ein weiteres Victoria-Hotel befindet sich in Nui Sam (s. Abb. oben links).

€€€/€€€€ Victoria Chau Doc, 1 Le Loi, Chau Doc, Tel. 07 6 3 86 50 10, http://victoriahotels.asia

UNSERE FAVORITEN

④ Dalat Palace Heritage und Du Parc

Die beiden noblen Schwesterhotels sind eine Klasse für sich. Das 1922 eröffnete Dalat Palace beeindruckt schon von außen mit seinem Art-déco-Antlitz und einem stets hier geparkten Oldtimer. Allein das Badezimmer mit Badewanne auf Löwenpranken und mit Messingarmaturen ist einen Aufenthalt wert. Und erst die Zimmer und Suiten mit edlem, teils antikem Interieur, die Kronleuchter, die Freitreppe ... Das Hotel Du Parc gegenüber bezaubert mit ebenfalls nostalgischem Charme – vom Birdcage-Fahrstuhl bis hin zu den 140 Zimmern und Suiten mit nicht weniger stilvollem Mobiliar, Parkett und WiFi (keine Klimaanlage, ist bei den kühlen Temperaturen aber auch nicht nötig). Gefrühstückt wird im Speisesaal des Dalat Palace. €€€ Le Rabelais, das einzige Fine-Dining-Lokal im Hochland, gehört ebenfalls dazu, und man genießt hier auch den nachmittäglichen „High Tea" mit Seeblick oder abends französische Speisen, serviert von livrierten Kellnern und mit Pianobegleitung. Den Golfschläger schwingen und einputten kann man übrigens im angeschlossenen Golfclub.

€€€/€€€€ Dalat Palace Heritage und Du Parc, 12 und 15 Tran Phu, Da Lat, Tel. 02 63 3 82 54 44 und 0263 3 82 57 77, www.dalatpalacegolf.com, www.royaldl.com

⑤ Saigon Morin

Eine koloniale Preziose: In diesem Hotelklassiker von 1901, in dem schon Charlie Chaplin 1936 abstieg, bezaubert die koloniale Atmosphäre. Die ansprechende Herberge mit 180 hübsch altmodischen Zimmern mit viel Holz und Parkett liegt zwar sehr zentral an einer der Hauptverkehrskreuzungen, aber in der lauschigen Gartenoase im Innenhof mit kleinem Pool und Springbrunnen genießt man Ruhe, auch beim reichhaltigen Frühstücksbüffet (die Zimmer zum Garten sind ruhiger).

€€/€€€ Saigon Morin, 30 Le Loi, Hue, Tel. 02 34 3 82 35 26, www.morinhotel.com.vn

⑥ Sofitel Legend Metropole

Eine Hotellegende! Hier spielten sich diverse Dramen ab: So hatte ein französischer Offizier im Ersten Indochinakrieg (gegen die Franzosen) bei einem Stromausfall im Restaurant Beaulieu des Metropole einen Kellner erschossen – er hielt ihn im Dunkeln für einen Attentäter. Einen Krieg später, im „amerikanischen" Vietnamkrieg, stimmte die US-Sängerin Joan Baez im Hotelbunker „We shall overcome" gegen das Dröhnen der B-52 an. Doch in dem 1901 eröffneten Traditionshaus ist es auch ein Leichtes, sich zwischen Deckenventilatoren, dem alten Schuhputzsessel und mannshohen Vuitton-Klappkoffern in der Lobby in die „guten alten" Zeiten zurückzuversetzen und sich vorzustellen, wie Graham Greene hier sein tägliches Schreibpensum – seine 500 Worte – absolviert hat. Wem das nötige Kleingeld für ein Zimmer fehlt, dem reicht vielleicht auch das Hineinschnuppern, etwa beim nachmittäglichen Schokoladen-Büffet im legendär-kolonialen Le Club.

€€€€ Sofitel Legend Metropole, 15 Ngo Quyen, Hoan-Kiem-Bezirk, Hanoi, Tel. 02 4 38 26 69 19, www.accorhotels.com

INFOS & EMPFEHLUNGEN

ZENTRUM
82 – 83

Von Kaisern, Chinesen und Traumstränden

Wer vom Sightseeing in den riesigen Kaisergräbern in Hue, den mystischen Ruinen in My Son oder dem Souvenir-Kaufrausch im Fischerstädtchen Hoi An erschöpft ist, der kann sich von diesen Strapazen an endlos langen Badestränden erholen oder sich auf eine anspruchsvolle Caving-Tour wagen.

❶ Hoi An

Vom chinesischer Handelshafen Hai Pho im 17. Jh. wandelte sch das Städtchen (80 000 Einw.) zur UNESCO-Weltkulturerbestätte und

Mystisch

Nur 40 Kilometer westlich von Hoi An scheint die Zet ein Nickerchen zu machen – und das seit etwa tausend Jahren! Die rund 20 Ziegelsteinruinen und Überreste der Hochkultur des Cham-Volkes (4. – 13. Jh.) liegen weit verstreut im UNESCO-Weltkulturerbe von My Son. Mauerreste, Darstellungen hinduistischer Gottheiten, steinerne Tänzerinnen und mythologische Skulpturen wie der Garuda-Vogel oder die Brust der „Urmutter" finden sich hier. Man sollte früh kommen, um die mystische Atmosphäre zu erleben – ab 9.00 Uhr wird's schwül und voll. Es gibt spottbillige Bustouren, man ist dann aber nur eine Stunde vor Ort – wer wirklich an der Champa-Historie interessiert ist, sollte mindestens zwei Stunden für die Runenstadt einplanen.

ÖFFNUNGSZEITEN
tgl. 6.00 – 16.30 Uhr (letzter Einlass)

Ein Vergnügen: in des Kaisers prachtvollsten Kleidern beim Tu-Duc-Grab in Hue

zu einem wahren Touristen-Hotspot: mit alten Handelshäusern, Cafés, Bars und geschäftstüchtigen Schneidern. Hoi An ist ein Highlight jeder Vietnamreise, wenn auch immer weniger authentisch.

SEHENSWERT
Die etwa 300 Jahre alte **Japanische Brücke** ist ein Meisterwerk der Brückenbaukunst und ein beliebtes Fotomotiv: Sie verband einst das japanische und chinesische Viertel in der alten Hafenstadt – man beachte den kleinen taoistischen Schrein am nördlichen Ende (Tran Phu). Die beeindruckende **Versammlungshalle der Chinesen aus Fujian** (Phuoc Kien) ist der Meeresgöttin Thien Hau gewidmet, die die Seemänner beschützt – ein Wandbild stellt dies eindrücklich dar (46 Tran Phu, tgl. 8.00 – 18.00 Uhr). Zu den meistbesuchten Kaufmannshäusern in der **Altstadt TOPZIEL** gehört das zweistöckige **Tan-Ky-Haus**: Das fast 200 Jahre alte Gebäude beeindruckt v. a. mit seinen filigranen Schnitzereien und Perlmuttintarsien (101 Nguyen Thai Hoc, tgl. 8.00 – 12.00 und 14.00 – 17.30 Uhr). Das **Quan-Thang-Haus** (1690) bietet mit Innenhöfen, dem Wohn- und Küchenbereich mit Brunnen einen guten Einblick in die Wohnkultur und Architektur damals und heute (77 Tran Phu, tgl. 8.00 – 18.00 Uhr).

VERANSTALTUNG
Jeden Monat am 14. Tag des Mondkalenders feiert man **„Hoi An by Night"** im Schein von Lampions, Windlichtern und Lichterketten.

HOTELS
Ultraschick, minimalistisch und teuer: €€€€ **The Nam Hai** (Dien Duong, ca. 8 km nördlich von Hoi An, Tel. 02 35 3 94 00 00, www.fourseasons.com) ist mit 100 Luxus-Pool-Villen das derzeit beste Hotel in Vietnam. Es steht unter deutschem Management.
Altstadtnah, nur über die Brücke hinweg liegt das €/€€ **Green Heaven** (21 La Hoi, Tel. 02 35 3 96 29 69, http://hoiangreenhavenresort.com) und bietet viel Komfort für wenig Geld in Zimmern rund um den Pool im Innenhof.

RESTAURANT
Schick und originell: Im €€ **Belleville** (13 Nguyen Hoang, auf der Fluss-Insel An Hoi, Mobil-Tel. 09 1 2 42 61 16, tgl. ab 9.00 Uhr) speist man vornehmlich Französisches und Vietnamesisches, Happy Hour 17.00 – 18.00 Uhr.

INFOS & EMPFEHLUNGEN

NACHTLEBEN
Hippe Musik, coole Cocktails, chillige Atmo: die €/€€ **Q Bar** (94 Nguyen Thai Hoc) verbirgt sich in einem der ältesten Shophouses der Stadt; asiatische Küche sowie gute Drinks.

EINKAUFEN
Sozial korrekt einkaufen kann man bei **Reaching Out** (103 Nguyen Thai Hoc, Mo. – Fr. 8.30 – 21.00, Sa. und So. 9.30 – 20.00 Uhr, www.reachingoutvietnam.com). Hier stellen behinderte Menschen wunderbare Souvenirs her, von Kleidern über Taschen bis Modeschmuck.

INFORMATION
Hoi An Tourist, Zweigstellen: 10 Nguyen Hue, 10 Trang Hung Dao, 78 Le Loi, 47 Tran Phu, neben der Versammlungshalle der Fujian-Chinesen, tgl. 7.00 – 18.00 Uhr; hier gibt es die Sammeltickets, die zum Besuch der Altstadt nötig sind: 120 000 VND/ca. 5 €, gültig für bis zu 6 Stätten (aus insg. 22 Sehenswürdigkeiten). Auch wer abends noch einmal durch die stimmungsvoll beleuchtete Altstadt-Kulisse bummeln will, braucht dieses Ticket (Tel. 02 35 3 86 27 15, www.hoianworldheritage.org.vn)!

Da Nang

Da Nang gilt mit seinem Internationalen Flughafen als Tor zu den drei UNESCO-Stätten Hue, Hoi An und My Son. Und so sind in der Nähe der bedeutenden Hafenstadt (1,1 Mio. Einw.) in den jüngsten Jahren viele luxuriöse Strandhotels eröffnet worden, vor allem am geschichtsträchtigen China Beach.

MUSEUM
Das hervorragende **Cham-Museum** (s. auch S. 65) zeigt rund 500 Exponate aus den verschiedenen Cham-Siedlungen während der tausendjährigen Herrschaft in Südvietnam, v. a. Hindugottheiten wie Shiva und sein Symbol, den Lingam-Phallus, und andere Kultfiguren (1 Trung Nu Vuong, Ecke 2 Thang 9, www.chammuseum.vn/en, tgl. 7.00–17.00, zweistündige Rundgänge mit Guide um 8.00 und 14.00 Uhr).

HOTEL
Das €€€€ **Furama** (China Beach, Bac My Anh Beach, www.furamavietnam.com), Vietnams erstes Luxusstrandhotel, hat nichts von seiner Schönheit eingebüßt und gilt immer noch als eine der führenden Strandherbergen des Landes.

RESTAURANTS
Viele gute und preiswerte Seafoodlokale laden am **My-Khe-Strand** (China Beach) zum Schmausen ein. Im €€ **Babylon Steakgarden** (nahe dem Furama) gibt es eine große Auswahl an vegetarischer Kost, Pasta und Steaks.

UMGEBUNG
Legenden und Philosophien ranken sich um die **Marmorberge (Ngu Hanh Son)** TOPZIEL, die mit ihren Höhlen-Schreinen viele Besucher anziehen, v. a. die mit 30 m höchste und eindrucksvollste Huyen-Khong-Grotte. Ein Fahrstuhl fährt alte Leute und Lauffaule den Berg hinauf (ca. 10 km südöstlich von Da Nang, tgl. 7.00 – 17.00 Uhr). **Lang Co** (ca. 30 km nordwestl.) präsentiert sich am besten vom Hai-Van-Pass (Wolkenpass) aus, sofern die Wolken den Blick für einen Augenblick freigeben: eine traumhafte Halbinsel mit blauer Lagune. Doch Vorsicht ist in der Badezeit (April bis Juli) geboten, hier herrscht eine tückische Strömung.

INFORMATION
Saigon Tourist, 357 Phan Chu Trinh, Tel. 02 36 3 89 72 29 und landesweite Hotline 19 00 18 08, www.saigon-tourist.com; Infos zu Buchungen/Touren auch in Hotels

3 Hue

Die alte Kaiserstadt Hue ist UNESCO-Weltkulturerbe: Besonderer Stolz der 400 000 Einwohner sind die restaurierten Überreste der kaiserlichen Zitadelle, die herrlichen Kaisergräber und die Thien-Mu-Pagode am „Parfümfluss", die man auch mit den „Drachenbooten" ansteuern kann.

SEHENSWERT
Die **Zitadelle** ließ Kaiser Gia Long 1802 am „Fluss der Düfte" nach geomantischen Vorgaben errichten: Seine Palast-Stadt (oder das We-

Die Versammlungshalle der Fujian-Chinesen in Hoi An ist heute ein Treffpunkt. Touristen nutzen Angebote wie Bootstouren und Kochkurse.

nige, was noch steht) erinnert an die „Verbotene Stadt" in Peking, v. a. an das imposante Mittagstor, die Thronhalle und die Halle der Mandarine. Die kleine pittoreske Bibliothek hinter dem Theater besitzt einen Garten. Die Dynastischen Urnen, verzierte Gefäße aus dem 19. Jh., befinden sich am Ende des Rundgangs im Südwesten der Anlage (am nördl. Flussufer, tgl. 7.00 – 17.00, im Sommer 6.30–17.30 Uhr, tgl. 9.00 Uhr Wachwechsel-Zeremonie am Mittagstor, außerdem zwischen April und September abendliche Show „Hue Imperial City by night" ab 19.00 bis 21.30 Uhr mit Wachwechsel und (Feuer-)Tänzern (Infos: www.nhanhac.com.vn); Duyet Thi Duong/Royal Theatre: tgl. Aufführungen bei ausreichend Publikum, 10.00 – 10.30, 14.30 – 15.00 Uhr, 200 000 VND/ca. 8 €; Videovorführung im Palastmuseum, www.hueworldheritage.org.vn). Eintritt in Zitadelle: 150.000 VND mit Palastmuseum, Kombi-Ticket mit 2–3 Kaisergräbern bis zu 360 000 VND (ca. 13 €). Die **Thien-Mu-Pagode** mit ihrem weithin sichtbaren siebenstöckigen Turm wurde 1601 erbaut: Eine Hauptattraktion ist der hier ausgestellte Austin, das Auto des Mönchs Thich Quang Duc, der sich aus Protest gegen das prowestliche Regime 1963 auf offener Straße in Saigon verbrannt hatte (Nordufer, ca. 5 km westl. der Zitadelle, s. S. 67).
Nicht versäumen sollte man einen Besuch bei den **Kaisergräbern** (Royal Mausoleums) der Nguyen-Herrscher, insbesondere bei den drei wichtigsten (7 – 14 km südl. von Hue, www.hueworldheritage.org.vn, tgl. 7.00 – 17.00 Uhr, im Sommer: 6.30 – 17.30 Uhr, jedes Grab: 100 000 VND/ca. 4 €): Das romantische **Grab von Tu Duc**, 1864 bis 1867 an einem See errichtet, wurde vom German Conservation Restoration & Education Project (GCREP) restauriert, man beachte das Eingangstor und die „Geisterblende". Das prächtige **Grab von Minh Mang** beeindruckt durch drei Eingangs-

---

Tipp
Leuchtend

Ein wunderschöner Trend in Hoi An: Ich bastel mir meinen Lampion selbst. Do-it-yourself-Fans schauen den Lampionmachern in ihren Manufakturen zunächst über die Schulter, es gibt dazu mehrere Möglichkeiten. Man unterstützt bei Lifestart zugleich eine Initiative bei einer NGO, die behinderte Frauen ausbildet.

INFORMATION
Long Vy Lanterns: 424 Hung Vuong, Mobil-Tel. 09 8 9 47 49 18, www.denlongviet.vn
Lifestart Foundation: 14 Nguyen Thai Hoc, Mobil-Tel. 01 6 73 55 94 47, www.lifestartfoundation.org.au, Kurse ab 27 €

tore, die Höfe und den eleganten Minh-Lau-Pavillon (1840–1843). Das **Grab von Khai Dinh** thront auf dem Chau-Hügel und weist europäische Architekturelemente auf (1920–1931).

VERANSTALTUNG

Das mehrtägige **Hue Festival** findet im Zweijahresrhythmus im Juni mit höfischer Musik, Tanz und Feuerwerk statt (2020, 2022 ...).

HOTEL

Superpreiswertes Minihotel: Das €€ **Orchid Hotel** (30A Chu Van An, www.orchidhotel.com.vn) überzeugt mit 18 gut ausgestatteten Zimmern. Früh reservieren!

RESTAURANT

Speisen wie die Kaiser kann man im €€€ **Ancient Hue** (104/47 Kim Long/Phu Mong Street, ca. 1 km östl. der Thien-Mu-Pagode, Tel. 02 34 3 59 09 02, www.ancienthue.com.vn), im nachgebauten Tempel mundet das „Royal Dinner".

UMGEBUNG

Bei Ausflügen in den regenreichen **Bach-Ma-Nationalpark** (www.bachmapark.com.vn, tgl. 7.00/7.30–16.30/17.00 Uhr) warten einige Kilometer schöne Wanderwege inkl. Ausblick vom 1450 m hohen Bach Ma, besonders lohnenswert für Fans von Wasserfällen, blühendem Rhododendron (Febr./März) und für Ornithologen (ca. 38 km südlich).

INFORMATION

Vietnam Tourism. 14 Nguyen Van Cu, Tel. 02 34 3 81 83 16

❹ Dong Hoi

Der einst bedeutsame Fischerhafen ist ein guter Ausgangspunkt für einen Besuch der Phong-Nha-Höhle (s. Special S. 79).

AKTIVITÄT

Wer eine anspruchsvolle **Caving-Tour** bucht (ca. 130 US-$), also die Begehung der Höhlen, kann danach durch Engpässe und schlammige Bäche weiterkrabbeln und -klettern, mit Stirnlampe und festen Schuhen! Es gibt außerdem seit 2014 ein einwöchiges, sehr anspruchsvolles Höhlen-Trekking durch die atemberaubende Hang Son Doong für 3000 US-$ (lange Wartelisten; beide Touren über Oxalis Caving Tours: www.oxalis.com.vn).
Die **Phong-Nha-Höhle** liegt bei Son Trac, ca. 45 km nordwestl. von Dong Hoi (www.phongnhakebang.vn); die Paradies-Höhle 25 km weiter (Eintritt Paradise Cave: ca. 250 000 VND/ca. 9 €, Dark Cave: ca. 450 000 VBD/ca. 17 €) inkl. Guide, Boot oder Kajakmiete, Badesachen mitnehmen), tgl. 6.00–16.00 Uhr.

HOTEL

Beim Australier Ben und seiner Frau Bich wohnt man in einer kleinen freundlichen Oase mit Pool im € **Phong Nha Farmstay** (Cu Nam, 35 km außerhalb von Dong Hoi, Tel. 02 32 3 67 51 35, www.phong-nha-cave.com).

ZENTRUM
84 – 85

Genießen   Erleben   Erfahren

Shake the Wok

DuMont Aktiv

Welche Kräuter passen wozu, wie kann man Frühlingsrollen oder den „Feuertopf" zu Hause richtig zubereiten? Um einen Kochkurs mit all seinen sinnlichen Eindrücken vom Markt bis zum Wok kommt man in Hoi An nicht herum.

Als der Trend zum Wok-Schwingen vor einigen Jahren begann, war die Zahl der Anbieter überschaubar. Mittlerweile wird auch „open air" gekocht, etwa bei Frau Hoa auf der Flussinsel Thuan Tinh. Trinh Diem Vy, Köchin beim Morning Glory Restaurant in Hoi An, ist eine der Pionierinnen, die versuchen, den hungrigen „Langnasen" den ganz speziellen Dreh der vietnamesischen Kräuter-Küche zu vermitteln. Denn so unterschiedlich die Speisen von Nord nach Süd sein können, das leckere Aroma ergibt sich letztlich aus der Würze: zumeist aus Pfeffer, Koriander, zerstoßenem Chili, Minze und Zitronensaft sowie weiteren Kräutern.

Wegen des kühleren Klimas kommen eher Geschmortes, Frittiertes und Pfannengerichte im Norden auf den Tisch, im Süden dagegen explodieren Feuer und Exotik in Topf und Pfanne: Man rührt schnell und pfiffig, sautiert flink und würzt deftig.

Weitere Informationen

Morning Glory (Vy's)
106 Nguyen Thai Hoc, Hoi An,
www.tastevietnam.asia
Kosten: 25 – 50 US$ p. P.

Thuan Tinh Island
(inkl. Markt, Bootsfahrt, Kräutergarten),
www.cooking-tour.com

Tra Que Vegetable Village
Cam Ha,
www.traqueherbvillage.com

Red Bridge Cooking School
Thon 4, Cam Thanh,
www.visithoian.com
Kosten bei allen:
ab ca. 30 US$ p.P.

HANOI UND UMGEBUNG
86 – 87

Tradition und Moderne

Hanois Stadtbild prägen wie nirgendwo sonst im Lande die Epochen des vergangenen Jahrtausends und deren Vertreter: Könige und Kolonialisten, Konfuzius und Kaderschüler. Heute herrscht in der Hauptstadt Turbokapitalismus vor mit Verkehrschaos und Immobilienpoker. Prachtvolle Kolonialvillen wechseln sich mit spiegelverglasten Hochhaustürmen und sozialistischen Protzbauten ab. In der Altstadt ducken sich die 200 Jahre alten „Röhrenhäuschen" der historischen Händlerzünfte – wer weiß, wie lange noch.

Das Rot der Chilischoten dominiert auf dem nächtlichen Großmarkt Long Bien in Hanoi.

Konfuzius steht im Mittelpunkt des Literaturtempels Van Mieu in Hanoi, der ersten Universität von Vietnam.

Die Alte Oper, ehemals im französischen Viertel von Hanoi gelegen, war einst der gesellschaftliche Mittelpunkt der Stadt.

Am besten geht's per Moped durch Hanois Straßen, vorbei an der Kathedrale ...

... und so manchem schmalen Balkon, den glückliche Menschen ergattert haben.

„Ich ging durch die Rue Gambetta zur ‚Pax Bar' – ich wollte nicht im ‚Metropole' mit den höheren französischen Offizieren, ihren Gattinnen und ihren Freundinnen trinken."

Graham Greene, Der stille Amerikaner

Aus dem Nebel der Legenden mit Drachenkönigen und „Urmüttern" tritt Vietnam endgültig im 11. Jahrhundert. Im Literaturtempel Van Mieu herrscht ab 1076 kühler Sachverstand und die Lehre des Konfuzius, die als Staatsreligion nun den Volks-Buddhismus verdrängt. Die Studenten der ersten Universität des Landes, meist Söhne von Mandarinen und Fürsten, schnattern aufgeregt vor dem Eingangstor, denn es stehen die extrem strengen Prüfungen an. Die Beamtenanwärter in seidenbestickten Roben haben auf ihrem Weg zur Nationalakademie im letzten und fünften Thai-Hoc-Hof keinen Blick für die Armen, die im Tempel gespeist werden, keinen für Schnitzereien und Lotosteiche. Der König selbst wird beim letzten Examen die Fragen an sie stellen!

Im Namen des Konfuzius

Die jungen Männer haben drei Jahre lang gebüffelt, studierten Texte zu Literatur, Politik, Ethik und Verwaltungslehre. Sie müssen in den nächsten Monaten beweisen, dass sie, immerhin die Fähigsten des Landes, die 1500 Jahre alte Philosophie des großen chinesischen Weisen gut auswendig gelernt haben: Konfuzius' Gesellschaftsmodell.

Die letzte Prüfung im Literaturtempel fand 1919 statt, doch bis heute legen Studenten vor wichtigen Prüfungen an den Hauptschrein Opfergaben. Besucher aus aller Welt lesen neugierig die Namen, die die steinernen Schildkröten im dritten Hof auf den Stelen auf ihrem Rücken tragen: 1307 erfolgreiche Absolventen.

Kolossal kolonial!

Ab 1882 hatten die Franzosen das Sagen in Hanoi. Die Kolonialherren zerstörten zwar vor ihrer Niederlage 1954 Königspalast und Einsäulenpagode, doch sie hinterließen auch Baguette, Eisenbahn und zahllose Prachtbauten. Unverkennbar für die französische Ära sind das Opernhaus, die neogotische St.-Josephs-Kathedrale, das Historische Museum und die Residenz des französischen Generalgouverneurs von Tonkin, der in der Ngo Quyen wohnte. Kolonialvillen reihen sich in Ockertönen südlich der Trang-Tien-Straße aneinander. Auch in der Phan Dinh Phung, Tran Phu und Dien Bien Phu kann man unter alten Tamarinden entlang der Villen flanieren, eine prachtvoller als die nächste. Heute dienen viele internationalen Firmen und Botschaften als Sitz.

Altstadt-Gewusel
(oder: Jedem sein Mofa!)

Es ist 5 Uhr 30, eine Stunde bevor sich Millionen auf ihre Mofas schwingen und

In all dem Verkehrstrubel gibt es in Hanoi doch auch ruhige Plätze: am Hoan-Kiem-See in der Altstadt etwa (unten links und oben rechts) oder auch in den ehemaligen Gassen der Zünfte, wie der Devotionaliengasse Hang Ma (oben links und unten rechts).

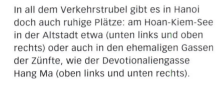

HANOI UND UMGEBUNG
90 – 91

eine an- und abschwellende Kakofonie aus Geknatter rund um den Hoan-Kiem-See ausbricht. Wer so früh unterwegs ist, wird Zeuge eines allseits beliebten Massenspektakels: Jogging und Federball, Tai Chi und Aerobic bei Disco-Rhythmen im Angesicht von König Ly Thai Tos Statue. Er hatte im Jahr 1010 die alte Hauptstadt hierher ans Ufer des Roten Flusses verlegt.

Aber was sind schon tausend Jahre! Der Alltag spielt sich bis heute auf dem Holzschemel auf dem Bürgersteig ab. Ein Slalomlauf um Woks, Kinder und Mofas – immer den exotischen Gerüchen folgend und dem Touristennepp ausweichend (oder standfest verhandeln!). In den vergangenen 500 Jahren hatten hier am Hoan-Kiem-See Zünfte ihren Sitz,

Der Alltag spielt sich bis heute auf dem Holzschemel mitten auf dem Bürgersteig der Altstadt ab.

und wie früher werkeln in den Gassen noch immer vereinzelt Nachfahren der früheren Berufsstände, etwa in der Hang Quat, in der sich religiöse Devotionalien stapeln und merkwürdige Kräuter ihr Aroma verbreiten. Mehr und mehr verdrängen Designerboutiquen, Souvenirläden, Galerien und trendy Restaurants die Bewohner aus ihren Altstadt-Wohnläden und den bis zu 60 Meter langen „Röhrenhäusern". So gibt es kaum noch Alte hier oder gar einen Ohrenputzer.

Von wegen „Ruhe"-Stätte

Für die sozialistische Spurensuche reiht man sich im Gleichschritt ein in die Schlange am klobigen Ho-Chi-Minh-Mausoleum. Hier, auf dem Ba-Dinh-Platz, verlas der Revolutionsführer 1945 vor einer halben Million Landsleuten die Unabhängigkeitserklärung. Heute stehen hier alljährlich Hunderttausende ehrfürchtige Vietnamesen, darunter

Die Parfümpagode südlich von Hanoi, eine wichtige Pilgerstätte, erreicht man über Pfade, die sich durch die bergige Landschaft ziehen.

Die Grotte Ban Long nahe Ninh Binh, in der Buddha verehrt wird, ist in die faszinierende Landschaft der Trockenen Ha-Long-Bucht eingebettet.

Als tauche man mit dem Nebel ein in eine andere Welt: Frauen auf dem Weg in die Bich-Dong-Grotte, an deren Eingang eine Pagode steht.

Urlauber im Ochsenkarren in der Trockenen Ha-Long-Bucht

Landesvater Ho Chi Minh

Special

Bescheidener Revolutionär

Man trifft den Präsidenten und Revolutionär heute auf Schritt und Tritt: als Büste oder lebensgroße Statue, Propaganda-Poster oder Souvenirgemälde.

Ho Chi Minh wurde am 19. Mai 1890 im Dorf Hoang Tru nahe der Stadt Vinh (Zentralvietnam) geboren – unter dem Namen Nguyen Sinh Cung. Nach dem Besuch auf einem französischen Gymnasium in Hue zog er nach Saigon, wo er 1911 als Schiffsjunge anheuerte. In Paris war er 1920 einer der Mitbegründer der Kommunistischen Partei Frankreichs. 1930 gründete er in Hongkong die vietnamesische KP.

Wegen Anstiftung zum Aufstand gegen die seit 1862/63 bestehende französische Kolonialherrschaft verhängten die Franzosen die Todesstrafe über ihn. Auf der Flucht lebte er u. a. in Thailand und im nordvietnamesischen Grenzgebiet zu China. Mit 51 Jahren kehrte er nach Nordvietnam zurück, wo er die Vietminh

Schlangestehen am Mausoleum ist Pflicht.

gründete und in den Bergen den antikolonialen Befreiungskampf anführte. Am 2. September 1945 verlas Ho Chi Minh (so lautete sein Name nun seit drei Jahren) die Unabhängigkeitserklärung in Hanoi. Im Vietnamkrieg (1964 – 1975) wurde er weltweit zur Symbolfigur der Studenten- und Protestbewegung. Am 2. September 1969 verstarb der bis ans Lebensende bescheiden lebende „Onkel Ho", dem jeder Totenkult suspekt war.

Kinder und ordenbehangene Veteranen aus dem ganzen Land, um dem „Bac Ho" (Onkel Ho) die Ehre zu erweisen. Ob das Defilee beeindruckt oder bedrückt, muss jeder Besucher selbst herausfinden.

Kühl ist es in der hellen Marmorhalle. Soldaten in blütenweißer Paradeuniform halten in steifer Pose Wache. Wo es notwendig ist, zeigen die Bewacher mit schroffen Gesten: bloß nicht zu langsam gehen, geschweige denn andächtig stehen bleiben! Kein Wort, nicht einmal im Flüsterton! Hände aus den Hosentaschen! Hut und Sonnenbrille runter! Nach zwei Minuten ist der Spuk vorbei und man ist wieder im Freien.

Luftholen in der Pagode

Nach dem Altstadtbesuch ist es Zeit zum Luftholen in einer der malerischsten Kulissen im Hanoier Umland. Ein Abstecher in die „Parfümpagode" kann ein romantischer Ausflug mit Bootstour und Seilbahn sein – oder ein Desaster. Wer den Tempel-Höhepunkt in der Huong-Tich-Höhle ausgerechnet in der Pilgerzeit (Ende Januar bis April) am Wochenende besuchen will, sollte in dem Pilgerziel Nummer eins auf endlosen Trubel gefasst sein. Der Tempelkomplex ist dann Ziel von Abertausenden Vietnamesen, es geht zu wie auf einem asiatischen Jahrmarkt.

DUMONT THEMA

MARKEN- UND PRODUKTPIRATERIE

Sinh oder nicht Sinh – von Fakes und Fälschern

Wohin man auch schaut, in Vietnam „kopiert" jeder jeden und fast alles: Von gefakten Modelabels, CD- und DVD-Raubkopien über täuschend ähnliche „Tampro"- Taschentücher bis hin zu Picasso-Gemälden für ganze 50 Dollar reicht die Palette.

Vietnam ist einer der Hauptumschlagsplätze für gefälschte Markenwaren und Produktpiraterie in Asien. Das betrifft vor allem Sportschuhe von US-Firmen, vermeintliche Louis-Vuitton-Handtaschen und auch Marken-Rucksäcke sowie Rolex-Uhren (die dann gerne nach drei Tagen stillstehen). Die Fake-Liste ließe sich unendlich fortsetzen: von Johnnie Walker (echt) versus Johnny Walker, ungenießbarem „Hennessey-Wiskey" statt originalem Hennessy über Microsoft-Software und Samsung-Handys bis hin zu dreist kopierten Honda-Motorrollern und dem „Media Mart".

Durchblick schwergemacht

Doch es sind nicht nur große Unternehmen davon betroffen. Schon vor 20 Jahren war das Saigoner Backpackerviertel voller fliegender Händler: Seitenweise kopiert und in allen Sprachen gibt es seitdem Graham Greenes „Der stille Amerikaner" und einen allseits beliebten englischen Reiseführer. Die Zippo's genannten US-Militärfeuerzeuge, angeblich direkt vom Schlachtfeld, und die Rolex-Uhren

sind ebenfalls leicht erkennbare billige Massenware, hergestellt in China. Beliebt bei Touristen in Hanoi sind vor allem die talentierten Kunstfälscher in der Altstadt, vor denen selbst ein Van Gogh oder ein Da Vinci nicht sicher ist. Immerhin weiß hier jeder Kunde, woran er ist – für 50 US-$.

Eine Kopie der Kopie der Kopie

Schwieriger ist es bei den unzähligen kleinen Reiseagenturen, wo selbst In-

„Die Marke ist das am häufigsten verletzte Schutzrecht."

sider nicht mehr durchblicken, wer nun Original ist und wer Nachahmer. Sinh oder nicht Sinh, das ist die Frage beispielsweise beim 1992 in Saigon geschaffenen und fast legendären „Sinh Café" – es gibt heute unzählige Sinh-Nachahmer, die sich im Laufe der Jahrzehnte an den Erfolg „ange-

HANOI UND UMGEBUNG
94 – 95

Das beliebte „Mädchen mit dem Perlenohrring" von J. Vermeer van Delft für kleines Geld? Kein Problem, und gleich noch etwas pastelliger. Buddhas? Auch problemlos in allen Formen handelbar.

Fakten & Informationen

Auswirkungen auf den internationalen Handel
Laut Industrie- und Handelskammer (IHK) München und Oberbayern nimmt der Schaden, den Marken- und Produktpiraterie auch in Deutschland anrichtet, immense Ausmaße an. Zehntausende von Arbeitsplätzen gehen so verloren.

Weiterführende Links:
**www.gtai.de, www.zoll.de,
www.markenpiraterie-apm.de**

hängt" haben. Um die Sache noch etwas komplizierter zu machen, wurde die originale Sinh-Agentur geteilt und 2009 umbenannt: Sinhbalo Adventure und The Sinh Tourist. Ein ähnliches Beispiel aus Hanoi: Ocean Tours (das Original) und Ocean Tour, oder in den Varianten Oceans Tours und Ocean Star Tour.

Betrug auf vier Rädern ...
Kriminell wird es bei der Taxi-Mafia in Saigon und Hanoi, selbst wenn hier auf den ersten Blick scheinbar auch wieder nur ein Buchstabe fehlt: Wer statt ins Vinasun-Taxi oder ins Vinataxi in ein Fake-Taxi von „Vinsun" oder „Vinasum" steigt, der kann dem manipulierten Taxameter beim Rasen zusehen, bis ein horrender Tarif erreicht ist (erkennbar ist der Betrug auch daran, dass der Fahrer im Sekundentakt hupt).

... wie auf zweien
Nicht ungeschont blieben die beliebten „Easy Rider" aus Da Lat: Kaum war der Name der rund 30 cleveren Mopedtaxi-Fahrer mit ihren preiswerten Ausflügen ins Hochland vor einigen Jahren in aller Munde, schossen die Klone mit Fantasiepreisen aus dem Boden. Quasi jeder Mopedfahrer zog sich eine neonfarbene Weste über und sprach Touristen an, unabhängig davon, ob er nun sicher fahren geschweige denn englisch sprechen konnte. Take it easy – mittlerweile kutschieren die echten und unechten „Easy Rider" ihre Touristen in fast jede Landesecke.

Die Nachahmung scheint eine uralte chinesisch-vietnamesische Händlertradition zu sein, quasi ein Reflex aus den Zeiten der Zunftgassen: Machte einer einen Laden für Seidenwaren auf und hatte Erfolg, so eröffnete der Nachbar einen ebensolchen Laden – bis die ganze Straße schließlich voller Seidenhändler war und entsprechend Hang Dao genannt wurde. Das hat sich bis heute so bewährt, und Boutique, Lokal, Minihotel wie auch Dönerkebab-Stände haben zig Nachahmer.

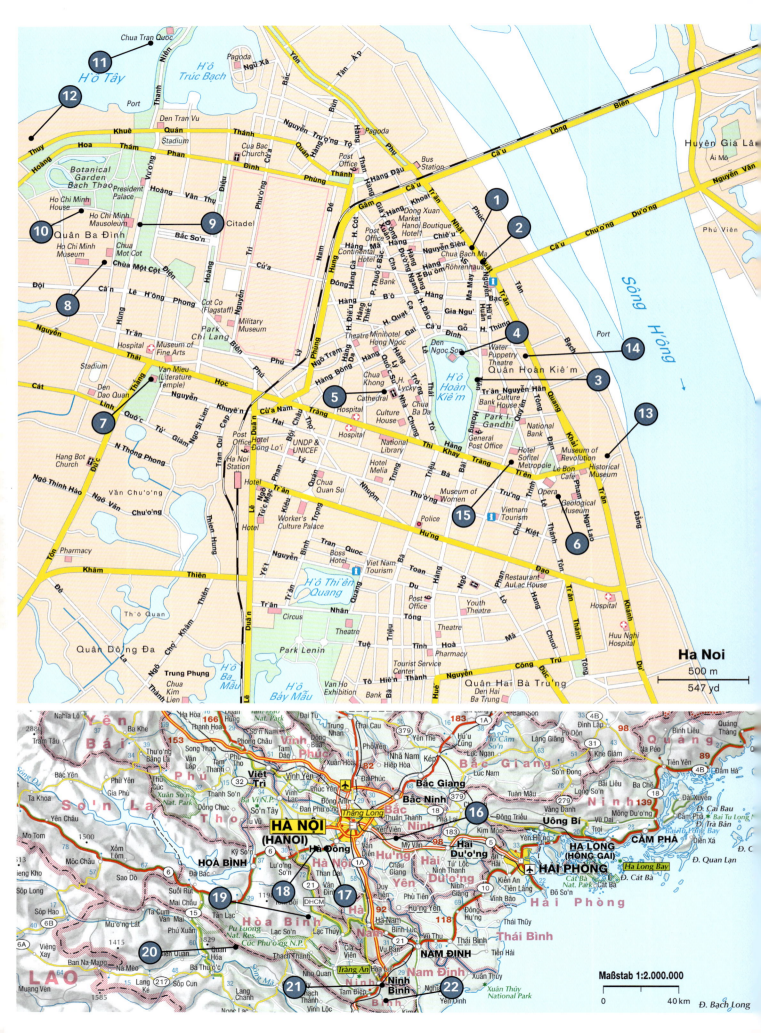

INFOS & EMPFEHLUNGEN HANOI UND UMGEBUNG
96 – 97

Die Wiege Vietnams

Einzigartige Beispiele der traditionellen Architektur in der tausend Jahre alten Hauptstadt sind die Einsäulenpagode und der Literaturtempel. Nicht zu vergessen: das Ho-Chi-Minh-Mausoleum. In der Trockenen Ha-Long-Bucht geht es dann per Ruderboot auf Kanälen zu spektakulären Grotten.

❶ – ❷⓪ Hanoi

Die Hauptstadt Vietnams (ca. 3,5 Mio. Stadtbewohner; Provinz: 8 Mio. Einw.) war schon immer Sitz von Fürsten und Königen, Verwaltung und Militär, Lehre und Wissenschaft.

SEHENSWERT: ALTSTADT, …

In der **Altstadt** schlägt das Herz Hanois. In dem einstigen Bezirk der 36 traditionellen Handwerkerzünfte (darunter Korb- und Hutmachergasse, Heilmittel- und Fischgasse) herrscht auch heute noch Handel und Wandel, wenn auch auf eine andere Art: Man kauft vom Moped aus. Zu den Sehenswürdigkeiten gehört hier der kleine ❶ **Bach-Ma-Tempel**, der älteste und meistbesuchte in der Altstadt (s. S. 67). Das hölzerne ❷ **„Röhrenhaus"** *(tube house)* einer wohlhabenden Bambusmacher-Familie aus dem 19. Jh. ist ein typisches (restauriertes) Beispiel für die langen engen Wohnhäuser mit geschnitzten Flügeltüren, Innenhöfen und antikem Mobiliar (87 Ma May, tgl. 8.00 – 12.00, 13.30 – 17.00 Uhr).

… SÜDLICH DER ALTSTADT, …

Ein paar Straßen südlich liegt im ❸ **Hoan-Kiem-See TOPZIEL** der über eine rot lackierte Brücke zu erreichende ❹ **Jadeberg-Tempel** (Den Ngoc Son): Im 14. Jh. erbaut, ist der Tempel u. a. dem Helden-General Tran Hung Dao gewidmet, der 1288 die Mongolen besiegte; zudem ist der Panzer einer 1968 im See gefangenen Riesenschildkröte hier zu bewundern (tgl. 7.00 – 18.00 Uhr, Winter 7.30 – 17.30 Uhr).

Stoff oder Musikinstrument (z.B. eine Trommel, o.re.)? In Hanoi wird man fündig. Hübsche Verzierungen zeigen die Dächer der Tempel (u.re.)

Zwar gibt es mit der ❺ **Kathedrale St. Joseph** (1886) in der Nha Chung Street auch ein Bauwerk aus der Kolonialzeit, doch die eigentlichen Prachtbauten dieser fremdbeherrschten Epoche findet man weiter südlich: Hier beginnt das einstige französische Viertel, zu dessen Hauptattraktionen die ❻ **Oper** zählt, 1911 feierlich eingeweiht und heute nur im Rahmen einer Vorstellung anzuschauen (1 Trang Tien, http://hanoioperahouse.org.vn).

… IM WESTEN DER STADT

Ein Muss für jeden Hanoi-Besucher ist der ❼ **Literaturtempel Van Mieu TOPZIEL** im Westteil der Stadt: In der ersten konfuzianischen Universität Vietnams (1070 gegr.) wandeln die Besucher durch fünf Tore und Höfe, ehe sie die Zeremonienhalle und dahinter das Museum und den Haupttempel mit den drei Königsstatuen erreichen (58 Quoc Tu Giam, ca. 2 km westlich des Hoan-Kiem-Sees, tgl. 7.30 – 17.30 Uhr). Unweit nördlich erhebt sich die ❽ **Chua Mot Cot**, Wahrzeichen Hanois und wie ihr Name sagt – auf einer Säule: Die **„Einsäulenpagode" TOPZIEL** war bei ihrem Bau im 11. Jh. ein zierliches Bauwerk aus Holz mit geschwungenem Ziegeldach und wird leider heute durch einen mächtigen Betonpfeiler samt Treppenmonstrum gestützt (Chua Mot Cot, tgl. 8.00 – 18.00 Uhr).

Der trutzige säulengetragene Quaderbau des ❾ **Ho-Chi-Minh-Mausoleums** wird meist von einer schier endlosen Menschenschlange umringt. Seit 1975 ist er hier gegen seinen Willen zu „besichtigen" (Ba-Dinh-Platz, Eingang: Hung Vuong, April – Sept. tgl. außer Mo. und Fr. 7.30 – 10.30 Uhr, Dez. – März tgl. außer Mo. und Fr. 8.00 – 11.00 Uhr, Anfang Sept. – Anfang Dez. meist geschl., weil die sterblichen Überreste Ho Chi Minhs zur Konservierung in Moskau sind; Taschen abgeben, Fotos verboten, kein Zutritt in Shorts, Minirock). Zum Abschluss lohnt ein Besuch im einstigen ❿ **Haus von Ho Chi Minh**, zu dem nach dem Mausoleumsbesuch der Weg führt (am früheren Präsidentenpalast vorbei): Das unscheinbare Holzhaus auf Stelzen liegt idyllisch an einem kleinen Teich, der Revolutionsführer lebte hier die letzten elf Lebensjahre (am Südrand des Botanischen Gartens, tgl. 8.00 – 11.00, 13.30 – 16.00 Uhr). Keine 2 km nördl. empfängt die ⓫ **Chua Tran Quoc** die Gläubigen am Ostrand des

Tipp
„Katzenkaffee"

Die teuersten Kaffeesorten im Exportland Vietnam sind die, bei denen die Bohnen erst von Katzen, Eichhörnchen, Füchsen oder Wieseln gefressen und dann ausgeschieden werden – vor Reinigung und Röstung, versteht sich! Etwa 150 US-$ kostet ein Kilo (echter!) Katzenkaffee – am besten man fragt nach: „ca phe chon".

INFOS & EMPFEHLUNGEN

Westsees: Die älteste Pagode Hanois mit ihrem elfstöckigen Pagodenturm soll im 6. Jh. im Delta des Roten Flusses gegründet und tausend Jahre später hierher verlegt worden sein – sie beeindruckt mit Buddha- und Wächterfiguren und rot-goldenem Dekor (Thanh Nien, tgl. 7.30 – 11.30 und 13.30 – 18.30 Uhr).

MUSEEN
Ein Highlight ist das ⑫ **Ethnologische Museum**: Wer einen Abstecher ins Bergland plant, sollte sich hier anhand der vielen Modellbauten, Trachten etc. darauf einstimmen (Nguyen Van Huyen, Bezirk Westsee am nördl. Stadtrand, www.vme.org.vn, Di. – So. 8.30 bis 17.30 Uhr).
Das ⑬ **Historische Museum** nahe der Oper zeigt Objekte aus der Vorzeit bis ins 17. Jh. (1 Trang Tien, tgl. 8.00 – 12.00, 13.30 – 17.00 Uhr, 1. Mo. im Monat geschl.).

ERLEBEN
Der Besuch von Hanois einzigartigem ⑭ **Wasserpuppentheater** TOPZIEL (außerdem zu sehen in Saigon und Ha-Long-City) ist nicht nur für Kinder ein Erlebnis – und das seit mehr als 1000 Jahren (57B Dinh Tien Hoang, am Nord-

Im Literaturtempel tragen steinerne Schildkröten Stelen mit Namen von Absolventen.

ostrand des Hoan-Kiem-Sees, Tel. 02 4 38 24 94 94, www.thanglongwaterpuppet.org, Shows: tgl. 16.10, 17.20, 18.30 und 20.00, So. auch um 9.30 Uhr und im Sommer zudem 15.00 und 21.15 Uhr, 60 000 – 100 000 VND (2 – 4 €).

HOTELS
Nirgendwo sonst kann man die koloniale Ära besser erfahren als im ⑮ **Sofitel Legend Metropole** (s. S. 81).
Luxus pur: Das €€€/€€€€ **InterContinental Hanoi Westlake** (1A Nghi Tam, Tay-Ho-Bezirk, www.ichotelsgroup.com) thront in fantastisch-idyllischer Lage am Westsee. Das €/€€ **Hanoi Charming 2** (15 Yen Thai, Altstadt, www.hanoicharminghotel.com) bietet 40 schöne große Zimmer inkl. WLAN-Laptop und Obstteller oder Blumen! Gratis-Abholung vom Flughafen (bei 3 Übernachtungen). Kleines Boutiquehotel im Herzen der Altstadt: Das €€ **Oriental Suites** (58 Hang Dao, www.orientalsuiteshotel.com) bietet 40 gemütlich-stylishe Zimmer in der Nähe des Sees.

Mit Stabpuppen führen die Spieler des Wasserpuppentheaters traditionelle Stücke auf.

RESTAURANTS
Bei den €€/€€€ **Khai Brothers** (26 Nguyen Thai Hoc, oft voll mit Reisegruppen) speist man mittags am preiswerten Büffet mit gegrilltem „Cha Ca"-Fisch und würziger „Pho"-Suppe. Das elegante €/€€€ **Au Lac House** (13 Tran Hung Dao) serviert vietnamesische Küche in einem schönen Kolonialgebäude mit Terrasse auf zwei Etagen. „Bun Cha Hanoi Style" ist die Spezialität der € **Bar Restaurant 96** (34 Gia Ngu, Altstadt): dünne Reisnudeln mit gegrilltem Schweinefleisch am Spieß oder im Bambus – einfach, typisch und lecker.

AUSGEHEN/NACHTLEBEN
Traditionelle „Haus-Gesänge" des **Ca-Tru-Thang-Long-Ensembles** (28 Hang Buom, www.catruthanglong.com) sind Di., Do., Sa. und So. um 20 Uhr zu hören. Immer den wummernden Bässen nach: Im € **Funky Buddha** (2 Ta Hien, Altstadt) geht ab 23.00 Uhr die Post ab, vor allem am Wochenende. Der vietnamesische „Godfather of Jazz" Quyen Vanh Minh bietet Entertainment gehobener Klasse im €€ **Binh Minh's Jazz Club** (1 Trang Tien, hinter der Oper, Tel. 04 39 33 65 55, tgl. ab 8.00 Uhr).

EINKAUFEN
In der gigantischen **Dong-Xuan-Markthalle** (Hang Khoai, Ecke Dong Xuan, Altstadt, tgl. 6.00 – 24.00 Uhr) bleibt auf zwei Etagen kein Kaufwunsch unerfüllt, und sei es eine neue Karaokeanlage ... Echte Antiquitäten und Kunst der Minderheitenvölker gibt es bei **54 Traditions** (30 Hang Bun, www.54traditions.com.vn, tgl. 8.30 – 18.00 Uhr) auf drei Etagen: von Schamanenobjekten und spirituellen Figuren über Wasserpuppen bis zu Vintage-Schmuck.

UMGEBUNG
Etwa 25 km östlich birgt die ⑯ **But-Thap-Pagode** eine beeindruckende Quan-Am-Skulptur. Den Seidenwebern kann man im ⑰ **Seidendorf Van Phuc** über die Schulter schauen (ca. 10 km südwestlich von Hanoi an der N6). Die ⑱ **Thay-Pagode** (ca. 42 km westl.) ist malerisch gelegen. Über die Landstraße 21B gelangt man zur ⑲ **Chua Huong**, auch Parfümpagode – einem viel besuchten Pilgerort: Die Lage des Tempelkomplexes am Huong-Tich-Son-Berg ist idyllisch: Mit dem Boot durch eine schöne Karstlandschaft und dann über eine steile Treppe (oder Seilbahn) erreicht man das Grotten-Heiligtum zu Ehren der Göttin der Barmherzigkeit (ca. 60 km südlich von Hanoi).

INFORMATION
90 Duc Chinh, Ba Dinh-Bezirk, Tel. 02 4 37 15 08 31, www.tamtravel.com.vn

> **Tipp**
>
> ## Besuch bei den Primaten
>
> Der ⑳ Cuc-Phuong-Nationalpark, einer der letzten tropischen Urwälder Vietnams, ist von tausendjährigen Baumriesen und Karstbergen geprägt. Neben vom Aussterben bedrohten Tierarten wie den Axishirschen, Nebelpardern und dem asiatischen Schwarzbär sind die endemischen, erst im Jahr 1987 wiederentdeckten Delacour-Languren eine besondere Attraktion. Das von deutschen Wissenschaftlern geführte Primate Rescue Center züchtet derzeit rund 180 Exemplare aus mehr als 15 Spezies für die Auswilderung. Besucher können einen Primaten auch „adoptieren".
>
> ### INFORMATION
> Primaten-Center: ca. 120 km südwestlich von Hanoi,
> tgl. 9.00 – 11.00, 13.30 – 16.00 Uhr,
> www.cucphuongtourism.com,
> Primaten-Center: www.wgfa.de

(im Goethe-Institut), Tel. 04 37 34 99 32, Tel. 02 4 32 32 11 25, www.hanoikultour.com (thematische Spaziergänge mit deutschen Insidern)

Tipp

Biking extreme!

Der Trend Radfahren im Großstadtdschungel ist nun auch nach Hanoi geschwappt: Hier geht's auf zwei Rädern zu Garküchen und Tempeln – und manchmal am Stau vorbei. Aber keine Sorge, die Strecken führen meist durch ruhige Wohngebiete, Parks, am Westsee entlang oder auch in die Umgebung Hanois. Wer allerdings bei Sa Pa radeln will oder von Hanoi nach Südvietnam, sollte Kondition mitbringen . . .

INFORMATION
Marco Polo Travel Adventure Company, Room 107B Building N14, K9 – 49 Nguyen Khoai, Mobil-Tel. 09 1 3 57 16 87, Hanoi, www.bikingvietnam.com

21 – 22 Trockene Ha-Long-Bucht/Ninh Binh

Ein Meer aus zartgrünen Reisfeldern zwischen Kalksteinbergen: Die Landschaft bei 21 **Ninh Binh** tauchte schon im oscargekrönten Film „Indochine" (1992) des französischen Regisseurs Régis Wargnie auf (wie auch die Terrasse der Residenz des Generalgouverneurs von Tonkin in Hanois Ngo-Quyen-Straße).

SEHENSWERT
In der sogenannten Trockenen Ha-Long-Bucht um das Örtchen 22 **Tam Coc** herum gleitet man im Ruderboot durch Höhlen oder fährt mit dem Rad durch die uralte Kulisse – zur **Bich-Dong-Grotte** beispielsweise, nur wenige Kilometer entfernt. An Wochenenden und Feiertagen gibt es Ruderboot-Karawanen auf den Kanälen und Stau vor den Höhlen (10 km westl. von Ninh Binh, Ruderboot für bis zu 4 Pers., 1,5 – 3 Std., ca. 4 € p. P.). Ausweichen kann man in das **Van Long Nature Reserve** mit schillernden Eisvögeln (ca. 23 km nordwestl. von Ninh Binh).

AKTIVITÄT
Kajaking in der Trockenen Halong-Bucht bieten zum Beispiel Phat Tire Ventures an (www.ptv-vietnam.com) und Buffalo Tours (www.buffalotours.com).

INFORMATION
Ninh Binh Tourist, Dinh Tien Hoang, Ninh Binh, Tel. 02 29 3 88 41 01, www.dulichninhbinh.com.vn/en/

HANOI UND UMGEBUNG
98 – 99

Genießen   Erleben   Erfahren

Sozial fairer Einkauf

DuMont Aktiv

Der Kaufrausch kann auch einem guten Zweck dienen. Denn die Angestellten in vietnamesischen Kunsthandwerkstätten sind oftmals behindert, und die Produkte im Souvenirladen stammen häufig von ehemaligen Straßenkindern oder Bergstamm-Angehörigen. Zum Teil fließen die Erlöse umfassender zurück an die Handwerker.

Mehr als 6000 Handwerker in rund 60 Organisationen arbeiten beispielsweise für faire Löhne bei Craft Link, wo man Souvenirs kaufen kann. Die Non-Profit-Organisation steckt den Gewinn in die Aus- und Weiterbildung sozialer Randgruppen. Von den Hmong, Dao oder Nung etwa stammen die farbenprächtig gewebten Textilien, hinzu kommt eine große Palette an Kunsthandwerk: Lackwaren oder Keramikschalen, Handtaschen, Seidenlampen und Samtbroschen, auch Bambusbügel oder Essstäbchen aus Büffelhorn. Man könnte beim sozial korrekten Einkauf nahe dem Literaturtempel starten und sich zum Hoan-Kiem-See „durcharbeiten".

Auch junge Köche werden durch diverse NGOs ausgebildet: Im offenen Bäckerei-Restaurant Baguette & Chocolat riecht es – nein, nicht nach Schokolade, aber lecker nach Pho und Bun cha. Gleich neben dem Ethnologischen Museum kann man für einen guten Zeck die vietnamesischen Klassiker essen. Das Lokal gehört zur Hoa Sua School, die Straßenkinder und benachteiligte Jugendliche zu Bäckern und Köchen, Kellnern und als Catering-Personal ausbildet.

Weitere Informationen

Nahe dem Literaturtempel:
Craft Link: 43 – 51 Van Mieu, www.craftlink.com.vn

Nicht weit vom Hoan-Kiem-See befinden sich die folgenden empfehlenswerten Adressen:

Mekong Quilts: 13 Hang Bac, www.mekong-plus.com
Indigenous: 36 Au Trieu. Kaffee und Ethno-Souvenirs
Baguette&Chocolat: Nguyen Van Huyen (neben dem Ethnologischen Museum), Cai Giay-Bezirk, Tel. 02 4-66 75 02 16

Von Drachen und Schamanen

Zwei der ursprünglichsten Regionen Vietnams mit atemberaubenden Kulissen konnten der Welt nicht verborgen bleiben: Die Zivilisation mitsamt Rucksack oder Beauty Case ist zum einen in den Bergnestern rund um Sa Pa angekommen. Zum anderen im UNESCO-Welterbeschatz Ha-Long-Bucht: Hier herrscht zuweilen Kanu-Gedränge zwischen den Inselbergen, in traumschönen Lagunen und in den Schwimmenden Dörfern. Aber noch kann man dem Touristenstrom ausweichen.

Größere Dschunken und Boote sind in einer kleinen Bucht in der Ha-Long-Bucht vor Anker gegangen.

Will man den Norden Vietnams erwandern, sind teils ungewohnte Wege zu gehen. Vom Ausgangspunkt Sa Pa (oben rechts) zieht es viele zunächst in das Bergdorf Bac Ha, wo man auf die Frauen der Blumen-Hmong auf dem Markt trifft (rechts).

Nicht Sehenswürdigkeiten machen Sa Pa zum Magneten für Touristen, sondern die Infrastruktur: Hier versorgt man sich mit allem Nötigen für die Trekkingtour in die Bergwelt.

Ein Muss sind die Ausflüge zu den Märkten: in Sa Pa am Samstag oder zum beliebten Sonntagsmarkt der Hmong Hoa in Bac Ha.

Sa Pa verteilt sich auf 1600 Meter Höhe in hügeliger Lage zu Füßen des oft wolkenverhüllten Fan Si Pan, des höchsten Landesgipfels. Vor rund hundert Jahren ein Luftkurort der französischen Kolonialherren, die hübsche Villen und burgähnliche Landhäuser hinterließen, fiel Sa Pa unter den Kommunisten in den Dornröschenschlaf. Seit einigen Jahren frisst sich die Bauwut durch das Städtchen an der Hoang-Lien-Son-Bergkette – wer im letzten Jahr von seinem Guesthouse-Balkon noch das herrlichste Panorama aus Reisterrassen und „tonkinesischer" Alpenkulisse genießen konnte, blickt heute wahrscheinlich gegen eine Hauswand: ein neues Hotel, eine Karaoke-Bar.

Mehr als Ethno-Rummel?

Sa Pa ist der kälteste und nebligste Ort Vietnams und daher für die meisten Besucher nur Ausgangsbasis für Wanderungen und Trekking in der spektakulären Bergwelt. Ein Muss aber sind die Ausflüge zu den Märkten: in Sa Pa am Samstag oder zum allseits beliebten Sonntagsmarkt der Hmong Hoa in Bac Ha – die „Blumen-Hmong" sind benannt nach ihren kunterbunten Kleidern. Ein Farbenmeer aus Grün, Blau, Rot und Lila, kariert, gesprengselt, geblümt. Manch einer munkelt allerdings, dass hier mittlerweile mehr Besucher aus aller Welt mit Kameras als Hmong mit Blumenmuster anzutreffen sind. Spätestens morgens um zehn rollen die Touristenbusse aus Sa Pa über haarsträubende Kurven an.

27 Bergvölker siedeln allein im Norden Vietnams. Es gibt also genug Märkte, tagtäglich und überall, bunt und exotisch. Doch man sollte nicht allzu viel erwarten, denn viele der fünf Millionen Bergstamm-Angehörigen leben heute einen „vietnamisierten" Lebensstil: Die Häuser werden ebenerdig und aus Stein gebaut, selbst gewebte Trachten sind bei den Männern schon längst durch Jeans und Kunststoffhemden ersetzt worden. Und viele Trachten leuchten in Kunstfaser, hergestellt im nahen China. Wer „Wildnis" und etwas mehr Authentizität sucht, darf vor mehrtägigen Wanderungen und vor schlechten Pisten nicht zurückschrecken.

Unversehens im Abenteuer

Es hatte in der Nacht geregnet. Der Motor röhrt wie ein brunftiges Ungeheuer, die Räder drehen durch, versacken immer tiefer in der Schlammwüste, irgendwo in der nordvietnamesischen Pampa hinter dem Bergdorf Sin Chai nahe dem Provinzgefängnis. Auch ein Laster steckt fest, der Fahrer schaufelt. Er steckt bis zum Bauchnabel im Schlamm.

Kaum einen Blick für die Schönheit der Bergwelt haben die Frauen, die im leuchtend grünen Nassreisfeld nahe Lao Cai Schößlinge setzen.

Auch Reisterrassen, die sich wie Bänder um die Höhen winden,
prägen das Bild der Landschaft um Sa Pa.

Anziehungspunkt in überwältigend schöner Berglandschaft: der Cat-Cat-Wasserfall bei Sa Pa

Schwimmende Dörfer

Wo sogar die Schule schwimmt ...

Special

Unter den Planken der Häuser tummeln sich die Fische.

Tausende wohnen in der Ha-Long-Bucht auf Hausbooten.
Eines der Dörfer ist Van Gia, wo selbst die Schule „schwimmt". Die gibt sich zu erkennen als das solideste Hausboot. Wie die meisten züchtet auch Minh Fische: Während der 40-Jährige an seiner Wasserpfeife zieht, zerhackt seine Schwester kleine Fische. Sie öffnet die Luke und füttert damit die großen Fische, die sich im „Keller" unterm Wohnzimmer tummeln. Nach sieben bis acht Monaten werden sie in den größeren Unterwasserkäfig verlegt. Minh mag das ruhige Leben als Fischer hier draußen. Nur wenn ein Taifun naht, geht es ab in eine geschützte Bucht.

Der Guide aber hat zwischenzeitlich den Polizeichef ausfindig gemacht. Der war zwar gerade beim Fußballspielen, aber kein Problem. Er schnappt sich rund 20 Leute, und nach 15 Minuten Geschiebe und Gejohle ist der Pick-up raus aus dem Schlamm(assel). Von Häftlingen befreit. Eine Runde Reisschnaps – „chuc suc khoe!" Prost! Der Lasterfahrer schaufelt weiter – mit asiatischem Gleichmut.

Blick in die Zukunft
Dann sind wir zu Besuch in den Bergen bei bei Ly Sai Van, einem Dorfschamanen der Roten Dao. Seine Utensilien: ein abgegriffenes Buch mit chinesischen Zeichen und Zeichnungen, das von Generation zu Generation weitergegeben wird. Zwei Stücke gespaltener Bambus. Ein Stein, in der Glut der Feuerstelle in dem Holzhaus erhitzt, ein Faden wird darumgewickelt – und fertig ist das „Telefon zu den Geistern".

Mit dem Geburtsdatum der Ratsuchenden und einem Gebet an die Ahnen beginnt die Zeremonie. Es folgt eine Mischung aus Pendelwahrsagen, Bambusdeutung und Feng-Shui-Ratschlägen. Was der weise Mann der skeptischen Kundin über ihre Familie in fast 10 000 Kilometer Entfernung sagt, gibt ihr dann doch zu denken. Wie die meisten Wahrsager besitzt Ly Sai Van eine gehörige

Über einen gehörigen Wow-Faktor verfügt die ausgeleuchtete Höhle Hang Sun Sot, die Höhle der Überraschung in der Ha-Long-Bucht.

Im Kajak an den Kalksteinriesen der Bucht vorbeigleitend, ist man der Natur recht nahe.

So präsentiert sich die Wunderwelt der Ha-Long-Bucht aufs Allerschönste – im Abendlicht, unter nachtblauem Himmel.

„Nur selten lassen sich die von einer Landschaft ausgelösten Empfindungen mit einem Wort sagen ..."

Alain de Botton, Kunst des Reisens

Portion Menschenkenntnis. Astrologen und Weissager gehören eben zu Vietnam wie der Kegelhut ins Souvenirgepäck – an der Küste wie in den Bergen.

Vom Drachen geschaffen
Chinesen reisen bekanntlich in Truppenstärke, mögen es laut und trubelig mit Kasino und Karaoke und können idyllische Orte in reine Rummelplätze verwandeln.

So geschehen in der UNESCO-Märchenwelt der Ha-Long-Bucht nahe der chinesischen Grenze: Der Ausgangsort für die Bootsfahrten – die beiden einst verschlafenen Fischerdörfer Hon Gai und Bai Chay – wurde als „Ha Long City" innerhalb eines Jahrzehnts zum Vergnügungsort – eine pausenlos wachsende Skyline aus Hotels und Restaurants, aus Nachtmärkten wie dem in Bai Chay mit Souvenirs, „Thai-Massagen" und gigantischer Zirkus-Arena. In die fantastische Bucht und ihre bunt beleuchteten Höhlen tuckern in der Hochsaison bis zu 400 doppelstöckige Touristenkähne – am Tag!

Es ist aber auch zu schön – das grüne Wasser des Südchinesischen Meers. Wen wundert es, wenn sich eine Legende um die Entstehung der Bucht rankt – Ha Long bedeutet ins Deutsche übersetzt: „der Ort, an dem der Drache ins Meer steigt".

DUMONT THEMA

BERGSTÄMME IM NORDEN VIETNAMS

Neonlicht, Pommes und Nescafé

Bei einem Besuch bei den vietnamesischen Bergstämmen kann man den Schlafsack und die Erwartungen an abenteuerlich-archaische Erlebnisse getrost zu Hause lassen: Die Hmong oder die Dao sind bestens eingestellt auf langnasige Besucher.

Musik verbindet Völker und Stämme: die Angehörigen der Blumen-Hmong (oben und rechte Seite, großes Bild)) wie die der Schwarzen Hmong (rechte Seite, rechts).

Ta Van steckt voller Überraschungen. Es beginnt mit den Begrüßungsworten der zehnjährigen Sung am Eingang des Bergdorfes: „Where you from?" Germany. „80 Million!", platzt die kleine Geschäftsfrau in Sekundenschnelle heraus, und sie meint nicht den Preis für ihre bestickten Armbänder in vietnamesischen Dong, sondern die Einwohnerzahl in der fernen Heimat ihrer potenziellen Kundin. Später, vor seiner „homestay"-Stelzenhütte, serviert der Gastwirt vom Volk der Schwarzen Hmong eine Tasse Nescafé, holt sich eine Büchse Bier aus dem mannshohen Kühlschrank und knipst vor dem Haus das Neonlicht an (und den Sternenhimmel aus!). Gegen 23.30 Uhr ist man auf dem Matratzenlager unterm Dach gebettet, das Wie-zu-Hause-Gefühl stellt sich ein: Unten im offenen Raum sieht die Familie fern, und es schallt eine bekannte Melodie nach oben, es klingt nach ... – Günther Jauch! ... In Ta Van? „Wer wird Millionär" – „Ai La Trieu Phu" gibt es schon seit Jahren auch auf Vietnamesisch ...

Geschäftssinn im Galopp

Die sogenannte Zivilisation ist geradezu in die Bergdörfer nahe der chinesischen Grenze hereingaloppiert, selbst die Erdgeister können (oder wollen) sie nicht mehr bremsen. Ta Van liegt nur neun Kilometer vor Sa Pa, dem trubeligen Bergstädtchen, und in Sichtweite der Landstraße. Die Frauen und Mädchen der Schwarzen Hmong kommen Tag für Tag in die Straßen von Sa Pa und verkaufen ihre handgestickten Waren an die zahlreichen Touristen – in perfektem Englisch wie auch Französisch.

Früher schon galten die Hmong als die eifrigsten Opiumanbauer in den unzugänglichen und stets umkämpften Bergen zwischen Thailand, China, Laos und Vietnam. Nicht alle Bergvölker sind so geschäftstüchtig, nicht alle tragen heute noch ihre farbenprächtigen Trachten, den schweren Silberschmuck und die Riesen-Ohrringe, wie die Hmong Hoa, die „Blumen-Hmong", oder die Schwarzen Hmong, die Dao Do („Rote Dao") und die Lo Lo in der entlegeneren Provinz Ha Giang. Meist erkennt man den

NORDEN
108 – 109

In Vietnam leben rund 95 Millionen Menschen. Etwa zehn Millionen davon sind Angehörige Angehörige von Minderheiten. Diese verteilen sich auf 54 ethnische Gruppen wie Hmong, Thai, Khmer, Chinesen …

jeweiligen Stamm nur noch an den Frauen, an ihren auffälligen Kopfbedeckungen, den Tüchern, Turbanen, Zylindern und Puschelmützen oder an den Haartrachten, die wie schwere Kissen auf dem Kopf liegen. Die Lu- und Muong-Frauen färben, dem traditionellen Schönheitsideal anhängend, die Zähne noch immer mit einer Tinktur aus Bambusblättern, Mottenflügeln und Honig schwarz.

Kunterbunte Single-Börse
Viele Frauen tragen ihre Trachten nur noch zu den Festtagen, beim Einkaufen auf den Märkten und zur

Die Frauen und Mädchen der Schwarzen Hmong kommen Tag für Tag in die Straßen und Gassen von Sa Pa.

Auf dem Weg zum Markt gönnen sich Frauen der Schwarzen Hmong noch eine kleine Pause zum Austausch. Bestandteil der Kleidung sind die Riesenohrringe.

Wanderung in der Bergregion

Vorbereitung
Auch wenn es in Sa Pa jede Menge hochwertiger Trekkingausrüstung zu kaufen gibt (seien es „Fakes" oder tatsächlich in Vietnam hergestellte Markenware), sollte man die eigenen, bereits eingelaufenen Wanderstiefel mitnehmen.

Geführte Wanderungen
Bei einem mehrtägigen Trekking mit einem Guide sollte man darauf achten, dass dieser wenigstens eine der Bergstamm-Sprachen aus den Dörfern, die besucht werden, auch selbst spricht! Man kann auch mit den jungen Frauen der Bergstämme losziehen (Hmong-Führerinnen trifft man im H'Mong Sapa Hotel).

www.hmongsapahotel.com

Ausweichregionen für bergige Wanderungen sind im Nordwesten die Hoa-Binh- und Son-La-Provinz (Mai-Chau-Tal, Moc-Chau-Hochebene) und der Nationalpark Ba Be sowie Cao Bang.

Brautschau bei den „Liebesmärkten". Diese kunterbunte Single-Börse haben die Völker allerdings vor vielen Jahren schon von Sa Pa in noch abgelegenere Dörfer verlegt, wo sie beim Flirten nicht von ganzen Busladungen (vietnamesischer) Touristen begafft werden.

Zwischen Handel ...

Doch Markt findet heutzutage fast täglich statt, überall in den Bergen. Die junge Sua von den Schwarzen Dao ist mit ihrer Mutter Giang Di gerade auf einem Markt in Tam Duong, die beiden pflegen die jahrhundertelang weitergegebenen Traditionen: Sie wollen Indigo-Farbe für ihre Kleidung kaufen, und Sua trägt Haarsträhnen ihrer verstorbenen Vorfahren inmitten ihrer um den Kopf geschlungenen Haarpracht, wie sie nicht ohne Stolz erzählt.

... und Schulbesuch

Lo May von den Roten Dao wurde eher modern erzogen. Die 15-Jährige in dem dunkelblauen traditionellen Hosenanzug mit Stickereien und rotem Kopftuch spricht überraschend gut englisch und durfte als Schulbeste sogar schon zu Besuch ins ferne Hanoi. „Dort habe ich gelernt, wie Regen entsteht", sagt sie und strahlt selbstbewusst übers ganze Gesicht. „Also muss ich nicht mehr an Naturgeister glauben!" Lo May ist privilegiert, denn fast ein Drittel der über Zehnjährigen aus den bettelarmen Bergstammfamilien müssen ihren Eltern auf dem Feld helfen.

Lo May will in Sa Pa studieren und Musiklehrerin werden. Sie hat wahrscheinlich Glück: Sie ist die jüngste von sieben Geschwistern. Vielleicht lässt sie eines Tages doch noch den Wahrsager die Hühnerbeine befragen, wie alle Dao-Mädchen, bevor sie den Auserwählten heiraten. Auf jeden Fall wird sie als junge Mutter nicht wie einst ihre Großmutter die Placenta in der Mitte der Wohnstube am Ahnenaltar vergraben. Aber wer weiß, vielleicht wird Lo May den Wahrsager auch lieber nach der Zahl der „tay", der Touristen, in der kommenden Saison befragen. Und dann das Neonlicht und „Wer wird Millionär" einschalten.

Das Marktgetümmel in Lao Cai ist in vollem Gange, Touristen mischen sich unter die Bevölkerung.

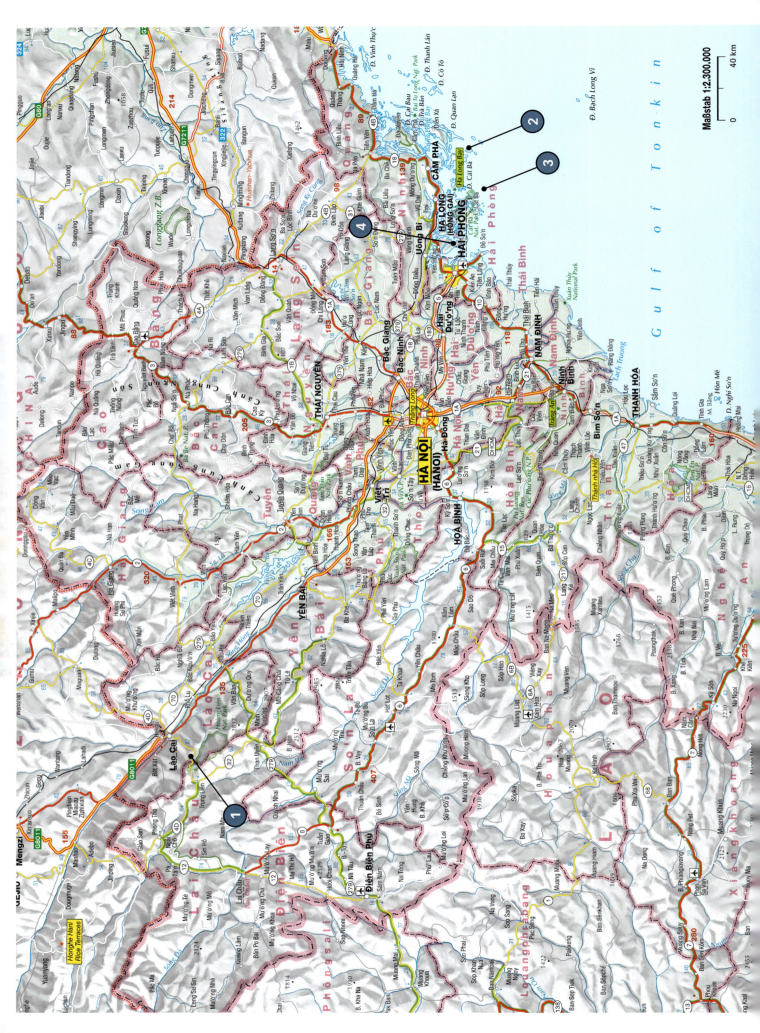

INFOS & EMPFEHLUNGEN

NORDEN
112 – 113

Unterwegs zu Lande und zu Wasser

So viele Farben in allen Tönen! In den Bergen sind Wanderer zwischen schillernden lindgrünen Reisterrassen zu den Bergstämmen unterwegs, wo die Bergfrauen in buntesten Farben gekleidet sind. In der Ha-Long-Bucht gleiten dann Dschunken durchs smaragdgrüne UNESCO-Welterbe.

❶ Sa Pa

Der ehemalige französische Luftkurort **Sa Pa** TOPZIEL (40 000 Einw., saisonal stark schwankend) liegt inmitten einer eindrucksvollen Berglandschaft: Terrassierten Reisfeldern, Wasserfällen, Stelzenhäusern und Bergvölkern in ihren bunten Trachten begegnet man bei Spaziergängen und Trekkingtouren.
Beste Reisezeit für Sa Pa ist September bis November. Man sollte sich dennoch warm anziehen: 17–23 Grad Celsius, im Winter (Dezember–Februar) fällt die Temperatur sogar bis unter null Grad (viele Hotels haben Heizungen bzw. Heizdecken).

HOTELS
Luxuriösestes Haus vor Ort ist das €€€/€€€€ **Victoria Sa Pa** (am Stadtrand, www.victoriahotels-asia.com) im rustikalen Landhausstil mit Himmelbetten und Balkons; Tennisplatz und Pool. Bestes Bergpanorama bieten die 65 gemütlichen Zimmer im €/€€ **Chaulong Sapa** (24 Dong Loi, www.chaulonghotel.com). Man kann im Ort auch in „homestays" übernachten.

RESTAURANTS
Das alteingesessene Lokal €/€€ **Le Gecko Sapa** (4 Ham Rong, Mobil-Tel. 09 0 3 21 04 77, www.legeckosapa.com) ist beliebt wegen seiner französischen und vietnamesischen Speisen und der Veranda. Ins €/€€ **Nature Bar & Grill** (24 Cau May, Mobil-Tel. 09 1 2 27 00 68) geht man der Gerichte und der offenen Feuerstelle wegen.

UMGEBUNG
In einem idyllischen Bambuswald rauscht der gut besuchte **Cat-Cat-Wasserfall** herab, den man bei einem Spaziergang erreichen kann, in der Hochsaison zunächst viele Souvenirshops passierend (3 km westlich von Sa Pa, Eintritt 70 000 VND – ca. 3 €). Etwas größer und gleichzeitig weniger touristisch vermarktet ist die **Thac-Bac-Kaskade** (10 km westlich).
Ziel fast aller Touristen ist der Sonntagsmarkt der farbenprächtig gekleideten „Blumen-Hmong" im winzigen **Bac Ha**. Hier treiben die Bergstammangehörigen ihren Handel seit Jahrhunderten (Textilien, Vieh, Reiswein) mit spürbar modernem Wandel – Souvenirs und Billiguhren aus China gehören mittlerweile zum Angebot (ca. 100 km nordöstl. von Sa Pa). **Lao Cai** (ca. 55 km nordwestl. von Sa Pa) liegt bereits an der chinesischen Grenze.

INFORMATION
Sapa Tourism, 2 Fan Si Pan Road, Tel. 02 14 3 87 19 75, www.sapa-tourism.com

❷ Ha-Long-Bucht

Es rankt sich eine Legende um den Namen, nach der ein Drache bei seinem Abstieg aus den Bergen heftig mit seinem riesigen Schwanz geschlagen und tiefe Täler gerissen sowie auf diese Weise die Inseln und Grotten geschaffen hätte.
Die UNESCO erklärte die traumhafte Ur-Kulisse der **Ha-Long-Bucht** TOPZIEL mit ihren Tropfsteinhöhlen bereits im Jahr 1994 zum Weltnaturerbe. An einigen der Inseln kann man sich an Stränden sonnen. Zahllose Dschunken und Ausflugskähne schippern durch die spektakuläre Landschaft, mit dem Kajak kann man versteckte Lagunen und „Schwimmende Dörfer" erkunden. Wer viel Trubel liebt, Felsenklettern und Nationalpark-Abenteuer, der reist auf die Insel **Cat Ba**.

SEHENSWERT
In den rund 2000 Inselbergen sind legendenumwobene **Höhlen** verborgen, heute größtenteils farbenprächtig illuminiert, wie die schönste Grotte, die **Hang Sung Sot**, mit ihren drei gigantischen Sälen voller Stalagmiten und Stalaktiten. Die **Hang Dau Go** soll schon unter Tran Hung Dao vor 700 Jahren als Waffenversteck im Kampf gegen Kublai Khan genutzt worden sein, der schließlich besiegt wurde. Die zauberhaften Höhlen **Dong Tien** und **Dong Me Cung** warten mit einer Überraschung in ihrem Innern: einer Lagune mit tief-

In Sa Pa lässt es sich im Nature Bar & Grill gemütlich tafeln. Ziele in der Region sind die Ha-Long-Bucht und die Bergdörfer.

INFOS & EMPFEHLUNGEN

blauem Wasser. In **Ha Long City** (ca. 40 000 Einw.) hat sich reichlich Trubel durch die Touristenströme herausgebildet.

ERLEBEN
Die **Ha-Long-Boote** starten von Bai Chay und Hon Gai in Ha Long City sowie ab einem dritten Pier außerhalb von Ha Long City auf der Tuan-Chau-Halbinsel aus in die Ha-Long-Bucht (und von Cat Ba, s. u.). Es lohnt sich wegen der oft mangelnden Sicherheitsstandards nicht, hier ein paar Dollar sparen zu wollen. Die Preise bewegen sich innerhalb riesiger Preisspannen: 50 – 1000 US-$ pro Boot und Tag für Zweitagestouren in Luxusbooten. Besonders bei der Übernachtung auf dem Boot sollte man sich an renommierte Veranstalter halten. Anbieter sind z. B. Indochina Junk: www.indochina-junk.com oder Bai Tho Tourist Transportation Company mit Bai Tho Cruises, Victory Cruises oder Victory Star Cruises: www.victoryhalong.com/vn. Für Overnight Stays stehen Boote zur Verfügung, die zwischen 2 und 32 Kabinen besitzen. Auch die benachbarte **Bai-Tu-Long-Bucht** mit der **Insel Quan Lan** und **Halbinsel Van Don** warten auf Erkundung: weniger spektakuläre Höhlen, aber auch weniger Trubel (ca. 30 km nordöstlich der Ha-Long-Bucht).

AKTIVITÄTEN
Paddeln ist u. a. angesagt in der Hang-Luon-Lagune. Am Anfang steht die Entscheidung, ob man eine Bootstour in der Ha-Long-Bucht mit eintägiger Massenabfertigung bucht oder eine echte Erlebnistour mit Insidern wie beim Seacanoe (www.johngrayseacanoe.com). Never ever (!) aber sollte man ein Kajak ausleihen und allein in die Höhlen-Lagunen „eintauchen"! Wegen der Gezeiten und tückischen Strömungen kann dies lebensgefährlich sein – bestenfalls verbringt man 12 Stunden im Kajak in einer bei Flut rundum abgeschlossenen (Alb-)Traum-Lagune.
Die Ha-Long- und die benachbarte Lan-Ha-Bucht haben sich zum beliebten **Kletterparadies** gemausert. Wer individuell klettern will, muss die Ausrüstung mitbringen – auch hier sind erfahrene Guides nötig, die die Gezeiten

Dschunken und Sampans kreuzen in der Ha-Long-Bucht vor der Höhle der Überraschung.

Auch das ist möglich an der Ha-Long-Bucht – gut gesichertes Klettern mit tollem Ausblick.

kennen, zum Beispiel bieten Asia Outdoors in Cat Ba (www.asiaoutdoors.com.vn) eine Kombination aus Kajakfahren und Klettern an. Auch der Trendsport **Deep Water Soloing** macht hier einen Riesenspaß: die Felswand schweißtreibend erobern, dann per Kopfsprung ins erfrischende Nass – das Panorama dabei ist UNESCO-geadelt.

INFORMATION
Tourist Information,
Bai Chay Pier,
Ha Long City,
Tel. 02 03 3 84 74 81

③ Cat Ba

Cat Ba zieht als größte Insel (ca. 30 000 Einw.) in der Ha-Long-Bucht vor allem an Wochenenden zahllose einheimische Ausflügler an – ein Hauch von Saint-Tropez umgibt dann **Promenade, Hafen** und die **Badebuchten** mit ihren Stränden bei allerdings typisch einheimischem Vergnügen in Karaokebars.
Der Nationalpark, in den 1980er-Jahren gegründet, gilt mit seinen urigen Kalksteinbergen als schönster Vietnams.

SEHENSWERT
In dem 28 000 ha großen **Cat-Ba-Nationalpark** tummeln sich Geckos, Seeschlangen und Pythons, in den Höhlen sind darüber hinaus Makaken, Gibbons, Bergziegen und Fledermäuse zu Hause. Viele Zugvögel aus dem Norden Asiens und Europa überwintern hier. Die bekanntesten Grotten im Nationalpark sind die **Trung-Trang-** und **Cai-Beo-Höhle,** in denen bei Ausgrabungen prähistorische Werkzeuge gefunden wurden.

HOTEL
An der Uferpromenade wohnt man im €€ **Sea Pearl** (219 Road 1/4, Tel. 02 25 3 69 61 28, www.seapearlcatbahotel.com.vn) mit schöner Sicht auf die Bucht, es gibt ein Dachlokal und eine Diskothek im ersten Stock sowie ein Restaurant und ein Spa.
Hier wie auch in anderen Hotels sind Informationen zu Ausflügen etc. zu erhalten.

RESTAURANT
Im modernen Ambiente des €€ **Green Mango** (Promenade neben Holiday View Hotel, Tel. 02 25 3 88 71 51) kann man sich an Pizza, Pasta, Tapas sowie Cocktails laben, freitags bei Livemusik.

„Ein Drache aus den Bergen", so die Legende, „hat mit seinem riesigen Schwanz tiefe Täler gerissen sowie Inseln und Grotten geschaffen."

Haiphong

Die Hafenstadt Haiphong (900 000 Einw.), ein Industriezentrum, gilt als drittgrößte Stadt Vietnams und besitzt einen schönen historischen Stadtkern mit Kanälen und von Flamboyants beschatteten Chausseen, an denen sich französische Kolonialbauten erhalten haben.

SEHENSWERT
Zu den wenigen Sehenswürdigkeiten der Stadt gehört der **Dinh Hang Kenh** (auch: Nhan Tho), das 1717 erbaute Gemeindehaus, das mit rd. 200 Jahre alten Holzschnitzereien und Skulpturen beeindruckt, darunter rund 300 Drachen in allen Größen (Nguyen Cong Tru, tgl. 9.00 bis 17.00 Uhr).
Koloniales Flair vermitteln im französisch geprägten Stadtzentrum besonders die **Villen** rund um die Dien Bien Phu und das **Stadtmuseum** (Dien Bien Phu), das restaurierte neobarocke **Theater** (1904), die **Kathedrale** (beide in der Hoang Van Thu) sowie **Observatorium** (1902), **Postamt** und **Bahnhof**.

HOTEL
Im kolonial angehauchten Luxushotel €€€ **Avani Hai Phong Harbour View** (4 Tran Phu, am Hafen, www.avanihotels.com) fühlt man sich fast wie auf Zeitreise, u. a. bei Touren im Oldtimer.

Tipp
Vietnam-Spezialist

Ob mit der „Treasure Junk" durch die Ha-Long-Bucht oder zu Fuß in den Bergen: Handspan bietet „stressfreie Pakete", zusammengestellt nach individuellem Wunsch mit Natur, Abenteuer oder Luxus, auch Reisen in die Nachbarländer – die aber ihren Preis haben.

INFORMATION
Handspan, 78 Ma May, Hanoi,
Tel. in Freiburg: 0761-7 04 95 91,
www.handspan.com

UMGEBUNG
Do Son, größtes Seebad im Norden und ca. 20 km südöstlich von Haiphong, ragt auf einer hügeligen Landzunge in den Golf von Tonkin, wo an Wochenenden die einheimischen Touristen an den Strand und ins Kasino strömen – und alljährlich Mitte September ins Stadion zum Büffelfest. Südwestlich (ca. 59 km) liegt das kleine **Cau Cau**.

INFORMATION
Haiphong Tourism,
18 Minh Khai,
Tel. 02 25 3 82 26 16,
www.haiphongtourism.gov.vn

Genießen Erleben **Erfahren**

Auf schwankenden Planken

In der Nähe von Sa Pa kann man die herrliche Bergkulisse bei Spaziergängen erkunden, dabei stets „verfolgt" von bunt gekleideten, hartnäckigen Händlerinnen. Wer in Ruhe trekken oder richtig bergsteigen möchte: Der Fan Si Pan – mit 3143 m höchster Berg Vietnams! – steht bereit.

Am besten lernt man die spektakuläre Bergwelt bei mehrtägigem Trekking kennen: Es geht bergauf, bergab, über schmale Hängebrücken und auf lehmigen Pfaden durch die Reispflanzungen, an tiefen Schluchten entlang und den in Stufen ansteigenden Reisfeldern, vorbei an Wasserfällen und rauschenden Bergbächen, an denen hölzerne Reisschälmühlen, die „coi gia gao", klackernd vom Wasser angetrieben werden. Am Wegesrand sieht man glotzende Wasserbüffel, Frauen neben Körben voller Indigoblätter, die Hände blau vom Färben ihrer Trachten, oder Männer beim Rauchen von glucksenden Wasserpfeifen. Grün, wohin man schaut: wedelnde Bananenstauden, im Wind wogende Reishalme und Bambushaine. Und immer wieder kleine Dörfer.

Zu den beliebtesten anspruchsvollen Trecks gehört der mehrtägige Aufstieg auf den Fan Si Pan: Der Berg sollte allerdings nicht unterschätzt werden – teils geht es sehr steil hinauf, oft zwingen schnelle Wetterumschwünge zum Umdrehen. Ohne Guide geht hier gar nichts. Aber man kann es auch einfacher haben und schneller schaffen: Seit 2016 führt eine sechs Kilometer lange, angeblich längste Seilbahn der Welt auf Vietnams höchsten Gipfel. In nur 20 Minuten geht es mit der Gondel quasi mitten durch die Wolken! Wenigstens die eine Hälfte der Bergwanderstrecke kann man so sparen und bei der Abfahrt das sagenhafte Panorama genießen – sofern das Wetter mitspielt.

Weitere Informationen

Agenturen: Wegen der unmarkierten Wege und offiziellen Genehmigungen zum Besuch der Bergdörfer sollte man sich erfahrenen Agenturen anschließen, etwa: Footprint Vietnam Travel, www.footprint.vn

Fan Si Pan: Die besten Zeiten für das 1- bis 3-tägige Trekking sind Okt./Nov. und März bis Mai (mit der Seilbahn kann man es innerhalb eines Tages gut schaffen).

Seilbahn: ab Gondelausstieg geht es noch weitere 600 Stufen (ca. 2 Std.) entlang von Tempel-Baustellen, dick anziehen, tgl. 7.30–17.30 Uhr, Ticket: ca. 22 €, http://fansipanlegend.sunworld.vn

Im Einklang: Kalligrafie mit besten Wünschen zum Tet-Fest, Tempel wie der Chua Xu auf dem Nui Sam und die Herzlichkeit der Bergbewohnerin

Service

Für Ihre Reise nach Vietnam haben wir hier wichtige Informationen zusammengestellt – von Anreise über Essen und Trinken bis zu Sicherheit und Sportmöglichkeiten.

Anreise

Mit dem Flugzeug: Lufthansa fliegt nach Saigon und über Bangkok nach Hanoi (www.lufthansa.de). Vietnam Airlines fliegt nonstop von Frankfurt nach Saigon und Hanoi, es gibt oft Angebote inklusive Inlandsflügen oder inklusive Flügen nach Kambodscha und Laos (www.vietnamairlines.com).
Bahn: Über China kann man mit der Bahn einreisen, auch von Europa aus (www.lernidee.de; Visum erforderlich!).
Schiff: Einige Kreuzfahrtschiffe legen an vietnamesischen Häfen an. Die MS Europa passiert beispielsweise auf ihrer Fahrt zwischen Thailand/Singapur und Hongkong die Ha-Long-Bucht, Da Nang, Nha Trang, Saigon und die Insel Phu Quoc (www.hl-cruises.de). Ins Mekongdelta kann man von Kambodscha (Phnom Penh) aus per meist kombinierten Boot-/Bus-Fahrten einreisen (Visum!).

Auskunft

Es gibt kein offizielles Fremdenverkehrsamt von Vietnam in Deutschland.
ICS Travel Group: Karlstraße 42, 80333 München, Tel. 08 9 2 19 09 86, -60, www.icstravelgroup.com
Deutsch-Vietnamesische Gesellschaft e.V.: Marienstraße 19/20, 10117 Berlin, Tel. 03 0 28 04 09 90, www.vietnam-dvg.de
Reiseunternehmen in Vietnam:
Saigon Tourist: 23 Le Loi, 1. Bezirk, Saigon, Tel. +84 (0)28-38 29 22 91, landesweite Hotline: 19 00 18 08, www.saigon-tourist.com

Trails of Indochina: 33 Le Trung Nghia, Tan Binh-Bezirk, Saigon, Tel. +84(0)28 38 44 10 05, www.trailsofindochina.com
Hanoi Kultour: 56 – 58 Nguyen Thai Hoc, Goethe-Institut, Hanoi, Tel. +84 (0)24-32 32 11 25, Mobil-Tel. 09 04 14 62 40; Mobil-Tel. in Saigon (Ralf Dittko): 090 3 77 09 53, www.hanoikultour.com

Botschaften Vietnams

Deutschland: Elsenstr. 3, 12435 Berlin, Tel. 03 0 53 63 01 02 (Visa-Abtlg.) und 030 53 63 01 08, www.vietnambotschaft.org Generalkonsulat in Frankfurt/Main: www.vietnam-generalkonsulat.de
Österreich: Felix-Mottl-Straße 20, A-1190 Wien, Tel. +43 (0)13 68 07 55, www.vietnamembassy.at/de
Schweiz: Schlösslistrasse 26, CH-3008 Bern, Visa-Tel. +44 (0) 31 3 88 78 72, www.vietnam-embassy.ch

Einreisebestimmungen

Deutsche Staatsbürger können (nach derzeitigem Stand bis 30. Juni 2018) visafrei einreisen, sofern sie sich weniger als 15 Tage in Vietnam aufhalten. Ansonsten sind zur Einreise ein gültiger Einreise sind ein gültiger Pass und ein Visum notwendig. Üblicherweise läuft das Visumsverfahren mit einem mind. 6 Monate gültigen Pass über einen Reiseveranstalter: 65 € (einmalige Einreise, bis zu 15 Tagen), 95 € (mehrfache Einreise). Antragsformulare sind bei der Botschaft erhältlich. Das Visum muss mind. 14 Tage vor der Reise mit Passfoto und Verrechnungsscheck per rückfrankiertem Einschreiben beantragt werden, persönlich geht es schneller: www.vietnambotschaft.org/konsularische-informationen/einreise-in-vietnam/ oder auf https://visa.mofa.gov.vn. Kinder benötigen einen eigenen Ausweis und ein Visum. Von 1. Februar 2017 bis 1. Februar 2019 testet Vietnam das Verfahren mit elektronischer Visa-Erteilung (e-visa), für Deutsche zu beantragen unter https://evisa.xuatnhapcanh.gov.vn (drei Tage Bearbeitungszeit, 25 US$, max. 30 Tage Gültigkeit, dies gilt bisher nicht für Schweizer und Österreicher). Weitere Infos unter www.auswaertiges-amt.de.
Für Phu Quoc gilt eine Ausnahmeregelung: Mit Bangkok Airways-Direktflügen aus Bangkok und Siem Reap (Kambodscha) sowie aus Singapur kann man ohne ein Visum auf diese Insel fliegen (max. 30 Tage). Bei einem internationalen Flug (aus Deutschland) nach Hanoi oder Saigon mit Umstieg nach Phu Quoc darf man den Transitbereich dann aber nicht verlassen.

Elektrizität

220 Volt Wechselstrom (50 Hertz) in Städten, auf dem Land meist 110 Volt. In den meisten Hotels passen europäische Stecker, Universaladapter und Taschenlampe sind nützlich.

Essen und Trinken

Beliebte Speisen: Zum Frühstück schmeckt Baguette – mit Käse, Hühnchen oder Schweinefleisch. Der Klassiker zu jeder Tageszeit sind Nudelsuppen in allen Variatione – man kann sie in einer der vielen Garküchen genießen.

Ein Genuss für die Sinne: wunderschön sind die Früchte im Ninh Van Bay Resort arrangiert.

Auch Bratreisgerichte gibt es überall, ebenso Omelettes und Banh-bao-Teigtaschen mit Gemüse, Hackfleisch oder Shrimps. Allseits beliebt sind Frühlingsrollen – gebraten oder gegart in Reispapier (*nem;* im Süden: *cha gio*).
Fleisch und Fisch: Einige Lokale haben sich spezialisiert, etwa auf vietnamesisches Barbecue oder in Hanoi auf die populären Bun-Cha-Nudelgerichte: über Holzkohle grillte Filetscheiben, Schweinebauch oder Hackfleischbällchen mit dünnen langen Reisnudeln in einer würzigen Fischsaucen-Brühe. In den meisten Restaurants bestellt man zum Reis (*com*) diverse Fleischsorten (Rind: *thit bo*, Schwein: *thit heo*, Huhn: *thit ga*) und/oder fangfrischen Fisch (*ca*) sowie Meeresfrüchte (Garnelen: *tom*, Krabben: *cua*). Beim Hot Pot (*lau*) werden alle Zutaten am Tisch in einem Blechtopf über dem Feuer gegart. Die Fischsauce **Nuoc Mam** steht oft zum Würzen auf dem Tisch: Man bereitet damit in einem Tellerchen einen Dip aus frischem Chili, Knoblauch, Zucker, Pfeffer und Limonensaft. Zum Dessert sind u. a. Litschis (*vai*) und Mangos (*xoai*) sowie frittierte Bananen beliebt.
Vegetarier: haben reichlich Auswahl an Gemüse (*rau*), Tofu und Reisspeisen.
Getränke: Wasser (*nuoc suoi, soda*) trinkt man aus versiegelten Flaschen, es gibt Fruchtsäfte, frischen Zuckerrohrsaft (*nuoc mia*) und Kokosnusssaft (*nuoc dua*), Softdrinks, Bier sowie vietnamesischen Kaffee (*ca phe nong*, oder klassisch mit süßer Kondensmilch: *ca phe sua nong*); Eiskaffee (*ca phe sua da*), Tee (*che, tra*).

Feiertage und Feste

Die meisten Feiertage richten sich nach dem Mondkalender (Tabelle: www.vietnamtourism.com, Stichwort „Festivals").

Gesetzliche Feiertage:
1.1.: Neujahr
3.2.: Gründungstag der KP (1930)
30.4.: Tag der Befreiung der Südrepublik/Saigons und der Vereinigung
1.5.: Tag der Arbeit
19.5.: Geburtstag Ho Chi Minhs (1890)
2.9.: Unabhängigkeitstag (1945)
2./3.9.: Todestag Ho Chi Minhs (1969)
Sonstige Feiertage (Auswahl):
April/Mai: Khmer-Neujahrsfest im Mekongdelta (13. – 15. Tag des 4. Mondmonats)
Mai: Buddhas Geburtstag (8. Tag des 4. Mondmonats; Phat Dan)
Juli/August: Ahnen-Gedenk-„Fest der Vergebung" (15. Tag des 7. Mondmonats; Tet Trung Nguyen)
24./25. Dezember: Weihnachten
Wichtigstes Fest:
Tet-Fest (Tet Nguyen Dan): vietnamesisches Neujahrsfest im Januar oder Februar. Für die Wochen um das Fest sind Transportmittel, v. a. Flüge, lange zuvor ausgebucht, ebenso viele Hotels, die Zimmerpreise verdoppeln. Etwa eine Woche lang sind die Vietnamesen auf Familienbesuch, die Tempel und Pagoden sind brechend voll.

Geld

Mit dem Vietnamesischen Dong (VND) kann man überall bezahlen, auch wenn Transport- und Zimmerpreise oft in US-Dollar angegeben sind. Größte Banknote ist der 500 000-VND-Schein. Der Euro wird in internationalen Hotels als Zahlungsmittel anerkannt. Umtausch von Euro ist problemlos möglich (bester Kurs meist in lizenzierten Wechselstuben), ebenso die Zahlung mit Kreditkarten (1 – 4 % Gebühr) in großen Hotels, Touristenlokalen und Reisebüros. ATM-Automaten geben in allen Städten VND-Scheine gegen eine geringe Gebühr aus (funktionieren aber nicht immer). Die neueren Maestro-EC-Karten mit Mikrochip und VPay-System funktionieren in Vietnam nicht! Zum Geldabheben eignet sich stattdessen die SparCard der PostBank.

Wechselkurs (Stand: Frühjahr 2018, gerundet):
10 000 VND = 0,35 € / 0,41 sFr / 0,44 US$
1 € = 28 300 VND
1 US$ = 22 700 VND
1 sFr = 24 500 VND

Gesundheit

Reisevorbereitung: Sechs Wochen vor Abreise sollte man sich in den Tropeninstituten oder im Düsseldorfer Centrum für Reisemedizin (www.crm.de) über Impfungen und Stand-by-Präparate gegen Malaria informieren und entsprechende vorbeugende Mittel besorgen (Mückenspray, ggf. Moskitonetz).
Es sind keine Impfungen vorgeschrieben (außer bei Einreise aus Gelbfiebergebieten). Folgende (Auffrisch-)Impfungen sind empfehlens-

Info

Daten & Fakten

Geografische Lage: Vietnam ist etwa so groß wie Deutschland (331 114 km²) und erstreckt sich wie ein lang gezogenes S am Südchinesischen Meer (Länge: 1750, Breite: 50 – 550, Küste: 3260 km). Nachbarländer sind China, Laos, Kambodscha, die größten Städte Saigon (7 Mio.), die Hauptstadt Hanoi (3,5 Mio.) und Da Nang (1,1 Mio.).

Landesnatur: Zwei Drittel bestehen aus hügelig-bergigem Terrain und Hochplateaus, max. 12 % sind tropisch bewaldet. Es gibt über 30 Nationalparks und 130 Naturschutzgebiete.

Bevölkerung: Es leben rund 95 Mio. Einwohner aus 54 ethnischen Gruppen in Vietnam: ca. 88 % ethnische, d. h. als „echt" angesehene Vietnamesen, zudem 9 % Bergstämme, 2 % Chinesen sowie Khmer und Cham. Die meisten praktizieren eine Mischreligion aus Buddhismus, Konfuzianismus, Taoismus, darüber hinaus gibt es Christen, Animisten, Caodaisten und wenige Muslime.

Wirtschaft: Der Staat ist auf dem Weg von einer Agrarnation zur Dienstleistungsgesellschaft (v. a. im Tourismus, einem der Hauptdevisenbringer mit rund 12 Mio. Besuchern, inkl. Geschäftsleute und Auslandsvietnamesen). Noch immer arbeitet die Hälfte der Vietnamesen in Landwirtschaft, Fischerei und Garnelenzucht (Aquakulturen). Vietnam gehört zu den weltweit führenden Exportnationen von Kaffee und Pfeffer, Reis, Cashewnüssen, Kautschuk und Tee. Industrielle Haupt-Exportprodukte sind Rohöl, Elektronikartikel, Möbel, Textilien und Schuhe.
Das jährliche Durchschnittseinkommen liegt bei geschätzten 2018 US-$/ca. 1909 € (lt. Ausw. Amt) – die Armut wurde in den vergangenen zwei Jahrzehnten mehr als halbiert, das Stadt-Land-Gefälle ist weiterhin groß.

Politik: In der Sozialistischen Republik Vietnam (SRV) regiert die Kommunistische Partei KP als einzige Partei. Staatsoberhaupt ist Präsident Truong Tan Sang.

Sprache: Einige Vietnamesen sprechen deutsch, da sie in der DDR gearbeitet oder studiert haben, ansonsten ist Englisch im Tourismus verbreitet, unter den Älteren auch Französisch.

Nur Mut – dann gelingt beim Kochkurs auch ein so leckeres Gericht mit Krabben und Frühlingsrolle.

Die Bergdörfer in Vietnams Norden bieten sich als Ausgangspunkte für Trekkingtouren an.

wert: Polio, Tetanus, Diphterie, Hepatitis A (B bei Langzeitreisen), Tollwut, Japanische Encephalitis sowie Schluckimpfung gegen Typhus. Nähere Informationen: Robert-Koch-Institut (www.rki.de).

Wichtig sind ein guter Sonnenschutz (Sonnenbrille und -hut) sowie eine Creme mit tropentauglichem Lichtschutzfaktor. Zweckmäßig für den Aufenthalt in Vietnam ist leichte Baumwoll- oder Leinenbekleidung sowie eine leichte Strickjacke (für eisgekühlte Restaurants, Mietwagen) und feste Schuhe für Wanderungen. Man sollte unbedingt eine Auslandsreise-Krankenversicherung abschließen (mit Rücktransport im Notfall).

Der deutsche Veranstalter Tour Vital bietet ärztlich begleitete Kultur- & Badereisen von Hanoi nach Saigon an (Tel. 02 21 22 28 95 03, www.tourvital.de).

Essen/Unterwegs: Pizza, Pasta oder Pommes und Cola gibt es in den Touristenzentren. Aus hygienischen Gründen sollte man folgende Speisen meiden: Eiscreme, Eiswürfel (ohne Eis: „khong co da"), gegrilltes Fleisch am Straßenstand, Meeresfrüchte, Fischsauce, frischen Kokosnusssaft, ungeschältes Obst, rohen Salat und rohes Gemüse. Viel zu trinken ist wegen der hohen Temperaturen wichtig, aber kein Leitungswasser (auch zum Zähneputzen nur aus versiegelten Flaschen).

Gefährdungen: Ein Cholera-Risiko besteht vor allem in Nordvietnam (Hanoi, Ninh Binh), aber auch im Mekongdelta. Das Dengue-Fieber tritt im gesamten Land auf, auch in Saigon, v. a. nach der Regenzeit. Ein hohes Malaria-Risiko besteht im Norden besonders in ländlichen Gebieten während und nach der Regenzeit, im Süden ganzjährig (v. a. im Mekongdelta, bes. Ca Mau und Bac Lieu sowie in Tay Ninh und der Gegend um Saigon). Ein mittleres Risiko besteht während der Regenzeit entlang der Küste bis nach Nha Trang. Möglichst Stand-by-Präparat für den Notfall mitnehmen.

Info

Geschichte

257 v. Chr.: Zusammenschluss einiger nordvietnamesischer Fürstentümer zum ersten Königreich Au Lac.
111 v. Chr.: Beginn der 1000-jährigen Herrschaft Chinas.
ab 939: Unabhängigkeit von den Chinesen unter der Ngo-Dynastie.
1863 – 1954: Französische Kolonialherrschaft.
1941: Gründung der kommunistischen „Liga für die Unabhängigkeit Vietnams" (Vietminh) unter Führung von Ho Chi Minh.
1945: Am 2. September ruft Ho Chi Minh in Hanoi die Unabhängigkeit aus und gründet die Demokratische Republik Vietnam (DRV).
1946: Erster Indochinakrieg gegen die Franzosen.
April 1954: Genfer Indochinakonferenz in Paris: „Provisorische" Teilung Vietnams in den kommunistischen Norden und den prowestlichen Süden.
1963: Demonstrationen gegen den südvietnamesischen Präsidenten Ngo Dinh Diem. Ermordung des Diktators mithilfe der CIA.
1964 – 1975: Vietnamkrieg.
ab März 1965: US-Kampftruppen landen in Da Nang. Mehr als 600 000 Alliierte kämpfen gegen rund 200 000 kommunistische Soldaten aus dem Norden und Süden.
1968: Vietcong-Offensive Ende Januar zum Tet-Fest. „Search and destroy"-Massaker am 16. März im Dorf My Lai.
ab 1969: Schrittweiser Abzug der US-Armee.
1975: Am 30. April Einmarsch der nordvietnamesischen Truppen in Saigon.
1976: Am 2. Juli Gründung der Sozialistischen Republik Vietnam (SRV) und Wiedervereinigung. Rigide „sozialistische Umgestaltung" mit Verstaatlichung der Wirtschaftsbetriebe, „Umerziehungslagern" usw.
1978: Verbot jeglichen privaten Handels und Enteignungen; 2 Mio. Flüchtlinge 1975 bis 1990 – die meisten als Boatpeople.
1979 – 1989: Besetzung Kambodschas, Vertreibung des Roten-Khmer-Regimes.
ab 1986: Wirtschaftliche Doi-moi-Reformen: Dezentralisierung, mehr Marktwirtschaft, Joint Ventures und Leistungsprämien.
1992: Verfassungsänderung: Recht auf Privateigentum; auch Abschaffung der kostenlosen Bildung und Gesundheitsversorgung.
1994: Aufhebung des US-Wirtschaftsembargos.
2000: Besuch Bill Clintons, erstes Handelsabkommen mit den USA.
2007: Mitgliedschaft in der Welthandelsorganisation WTO.
2013: Die Anti-Korruptionsbehörde nimmt ihre Arbeit auf.
2016: Im Mai besucht Barack Obama Vietnam.
2017/2018: Weltweit Schlagzeilen macht die mutmaßliche Entführung eines früheren vietnamesischen Politbüro-Mitglieds, der in Berlin Asyl beantragt hatte. Der Geschäftsmann wird im Januar 2018 in Hanoi zu lebenslanger Haft verurteilt.

Preiskategorien

€€€€	Doppelzimmer	über 150 €
€€€	Doppelzimmer	100 – 150 €
€€	Doppelzimmer	40 – 100 €
€	Doppelzimmer	20 – 40 €

Hotels

In Vietnam wohnt man in landestypischen preiswerten Minihotels (meist mit Heißwasserdusche, Klimaanlage, manchmal Sat.-TV, Internetzugang), in stilvoll restaurierten Herbergen aus der Kolonialzeit, im Strandhotel oder in edlen Luxusherbergen, die mittlerweile auch in eher abgelegenen Regionen eröffnet haben. Homestays bei den Minderheitenvölkern erfreuen sich zunehmender Beliebtheit, etwa im Bergland um Sa Pa oder im Mekongdelta. Mittelklassehotels und die gehobene Kategorie sind am besten über Veranstalter zu buchen.

SERVICE

Reisedaten

Flug von Deutschland:
Frankfurt/M. – Saigon ab ca. 800 €
Inlandsverkehr: Open-Tour-Busticket Saigon – Hanoi: je nach Saison ca. 28 €
Bahnticket Saigon – Hanoi: ab 1,26 Mio. VND/ca. 45 € (je nach Zug, Klasse)
Reisepapiere: Reisepass und Visum (s. S. 116)
Devisen: 1 € = ca. 28 300 VND
Mietwagen ab ca. 45 € / Tag (inkl. Benzin u. Fahrer, abhängig von div. Konditionen), ggf. zzgl. einer Führer- / Guide-Pauschale: ca. 27 € pro Tag
Hotel: DZ Luxushotel ab ca. 2,5 Mio. VND / ca. 88 €, Minihotel ab 500 000 VND / ca. 18 €
Essen/Trinken: Pho-Suppe / Bratreis: ab 60 000 VND / ca. 2 €
vietnamesisches BBQ (einheimisches Lokal): ab 60 000 VND / ca. 2 €
Pizza oder Pasta (Travellerlokal): ab 60 000 VND / ca. 2 €
vietnam. Kaffee: ab ca. 0,50 €
Ortszeit: 6 Std. vor MEZ (Sommer 5)

Öffnungszeiten

Banken: i. d. R Mo. – Fr. 7.30 – 11.30, 13.30 bis 15.30/16.00 Uhr, Sa. geschlossen. Lizenzierte private Wechselstuben: i. d. R. 7.00 – 22.00 Uhr.
Museen: tgl. 8.00 – 11.30, 13.30 – 16.00 Uhr (teils länger, teils Mo. u. Fei. geschlossen).
Märkte: tgl. 6.00 – 18.00 Uhr. Geschäfte/Kaufhäuser: tgl. ca. 8.00 – 20.00/21.00 Uhr, Restaurants: tgl. ca. 10.00 – 22.00 Uhr.

Restaurants

Von der einheimischen Suppenküche ohne

Preiskategorien

€ € € €	Hauptspeisen	über 20	€
€ € €	Hauptspeisen	10 – 20	€
€ €	Hauptspeisen	5 – 10	€
€	Hauptspeisen	bis 5	€

Speisekarte über das typische Traveller-Restaurant mit spottbilligem Multikulti-Fast-Food aus aller Welt bis hin zum Fine-Dining-Lokal findet man in den Großstädten und Badeorten so ziemlich alles für jeden Geschmack. In einfachen Straßenrestaurants und Garküchen zeigt man auf die hinter Glas ausgelegten Gemüse und Gerichte. Man sollte hier keine allzu hohen Ansprüche an Hygiene und Service stellen oder Scheu haben (das Besteck wird mit der Serviette abgewischt, auch von Vietnamesen), zum Genuss gehören Schmatzen und Rülpsen dazu! Hier wird kein Trinkgeld erwartet.

Sicherheit

Vorsicht vor Taschendieben auf Märkten, Flughäfen und Bahnhöfen. Beim Cyclofahren oder auf dem Mopedtaxi Sonnenbrille, Armbanduhr und Handtasche am besten abnehmen bzw. quer umhängen (nachts Cyclo- und Mopedtaxi-Fahrten vermeiden). In Hanoi und Saigon gibt es betrügerische Taxifirmen mit manipulierten Taxametern (vor Hotels, am Airport), man kann im Hotel ein Taxi bestellen lassen. Unbedingt vor der Reise beim Auswärtigen Amt informieren: www.auswaertiges-amt.de.

Souvenirs

Die Palette reicht von Essstäbchen oder Kegelhut über Seidenblusen und Lampions, Korb- und Lackwaren, Keramiken und Webarbeiten, echte oder unechte Antiquitäten (beides nur mit Ausfuhrlizenz!). Letzter Schrei: Propaganda-Poster mit „Onkel Ho" oder maßgeschneidertes Ao-Dai-Hosenkleid. Handeln ist Pflicht.

Sport

Radfahren: Die beliebtesten Radtouren in Vietnam führen durch das flache Mekongdelta, die Trockene Ha-Long-Bucht oder in die Umgebung von Hoi An. Wer an der N1 von Nord nach Süd (oder umgekehrt) fährt, sollte auf dichten und gefährlichen Verkehr gefasst sein. Ausweichen kann man teilweise auf die Küstenstrecken (etwa nördlich von Phan Rang) oder auf die teils fertige Ho-Chi-Minh-Autobahn im allerdings zumeist bergigen und menschenleeren grenznahen Hinterland ohne touristische Infrastruktur (Informationen: Vietnam Tours: www.vietnam-tours.de, Sinhbalo Adventure Travel: http://sinhbalo.com).
Trekking/Caving/Rockclimbing: Beliebte Trekkinggebiete sind im Norden die Berge um Sa Pa und Cao Bang, das Hochplateau von Tam Dao, Hoa Binh/Mai Chau, Dak Lak, die Nationalparks auf Cat Ba Island, Ba Be, Cuc Phuong und Cat Tien sowie der Fan Si Pan (S. 115).
Wassersport: Die meisten Hotels in den Badeorten haben verschiedene Angebote, bieten Paddel- oder Segelboot, Surfbretter, auch Wasserski. Die beste Wellenreiter-Region liegt bei Da Nang (und Vung Tau).
Tauchen: siehe Mekongdelta.
Kajaking: Kajaktouren in der Ha-Long-Bucht, in Da Lat, in den Nationalparks Cat Tien und Yok Don und in der Trockenen Ha-Long-Bucht.
Golf: Im Hochland um Da Lat, weitere 18-Loch-Golfplätze gibt es bei Phu Quoc, Phan Thiet, Nha Trang, Da Nang sowie bei Saigon und Hanoi (www.vietnamgolfcc.com).

Telefon

Auslandsgespräche aus Vietnam sind am günstigsten von den Internet-Telefon-Läden (auch Skype und Yahoo-Voice, aber oft schlechte Verbindungen). Selbstwahl im Festnetz ist aus den Hotels (ca. 0,50 – 1 €/Min.) möglich, etwas preiswerter aus Postämtern sowie per IDD-Te-

„Onkel Ho" in Gold gesetzt: Statue des Ho Chi Minh im Ho-Chi-Minh-Museum in Saigon

SERVICE

lefonkarte aus öffentlichen Telefonzellen. Die VOIP-Billigvorwahlen funktionieren in manchen Hotels nicht (z. B. 171..., 1718...). Netzbetreiber sind Viettel (www.viettelecom.com.vn, nur auf Vietn.) und die teureren Vinaphone (www.vinaphone.com.vn) und Mobifone (www.mobifone.vn, auch Ausleihe von Mobiltelefonen). Handys wählen sich automatisch über Roaming in das entsprechende Netz ein. Dabei werden i. d. R. zum Tarif des deutschen Anbieters zusätzl. Gebühren des vietnam. Partners erhoben! Am günstigsten fährt man mit einer vor Ort erworbenen SIM-/Prepaid- Karte, und völlig kostenfrei geht's mit WhatsApp übers Internet. Die Vorwahl nach Vietnam ist +84, nach Deutschland +49, Österreich +43, in die Schweiz +41.

Unterwegs im Land

Autofahren/Mietwagen: Für Individualreisende ist das Autofahren mit Chauffeur angesichts des gefährlichen Verkehrs und der Preise die empfehlenswerteste Variante. Selbstfahren ist nur mit Internationalem Führerschein möglich, das gilt auch für Leihmopeds in Touristenorten! (Avis: www.avis.com.vn, www.avis.de; VN Rent A Car: www.vnrentacar.com).
Bahn: Der Wiedervereinigungszug verkehrt von Nord- nach Südvietnam und umgekehrt (32 – 38 Std., 5 x tgl., rechtzeitig buchen).

Bus: Fahrten mit öffentlichen Überlandbussen sind zeitraubend und nicht ganz ungefährlich (v. a. nachts). Eine zuverlässige Busfirma ist Mai Linh Express, Tel. in Saigon 84 (0) 28 39 39 39 39, www.mailinhexpress.vn. Preiswerte Touristenbusse verkehren zwischen den Touristenstädten und Badeorten.
Fähren und Schiffe: Tragflächenschiffe und Fähren verbinden das Festland mit den Inseln und Saigon mit der Halbinsel Vung Tau. Für die Reise nach Kambodscha: www.victoriahotels.asia und www.bluecruiser.com.
Flüge: Anbieter sind Vietnam Airlines (www.vietnamairlines.com), inländische Billigflieger Jetstar Pacific Vietnam (www.jetstar.com/vn/en/home) und Viet Jet Air (www.vietjetair.com).

Zoll

Es gilt das Washingtoner Artenschutzabkommen (die Einfuhr lebender Tierarten ist illegal, das Gleiche gilt für fernöstliche „Medizin" wie Schlangenliköre etc.). Freimengen in die EU (pro Person, mind. 17 Jahre): 200 Zigaretten oder 100 Zigarren bzw. 500 g Tabak, 1 l Alkohol über und 2 l Alkohol bis 22 Vol.-% (Schweiz: 15 Vol.-%), Waren wie Tee, Parfüm und Geschenkartikel bis zu einem Warenwert von 430 €. Weitere Infos im Internet unter www.zoll.de, www.auswaertiges-amt.de

Info

Wetterdaten
Saigon

	TAGES-TEMP. MAX.	TAGES-TEMP. MIN.	TAGE MIT NIEDER-SCHLAG	SONNEN-STUNDEN PRO TAG
Januar	32°	21°	2	6
Februar	33°	21°	1	7
März	34°	23°	2	7
April	35°	25°	5	7
Mai	33°	24°	17	5
Juni	32°	24°	22	5
Juli	31°	24°	23	4
August	31°	24°	21	5
September	31°	23°	22	4
Oktober	31°	23°	20	5
November	31°	23°	11	5
Dezember	31°	22°	7	6

Picknick in luftiger Höhe: auf Trekkingtour in der herrlichen Bergkulisse des Fan Si Pan – mit 3143 m Vietnams höchster Berg.

Register

Fette Ziffern verweisen auf Abbildungen

A
An Binh 53
An Thoi 55

B
Ba Be (Nationalpark) 110, 119
Bac Ha **102**, 103, 113
Bach Ma (Nationalpark) 85
Ba Chuc 55
Ban Don 71
Bau Truc **65**, 65
Ben Tre **44**, 53
Bich-Dong-Grotte **93**, 99
Buon Ma Thuot 70
But-Thap-Pagode 98

C
Cai Be **42**, 54
Cai Rang Floating Market 54
Can Duoc **10/11**
Can Tho **44**, **45**, 45, 47, **53**, 54
Cao Bang 119
Cat Ba 113, 114
Cat Ba Island 119
Cat-Ba-Nationalpark 114
Cat-Cat-Wasserfall **105**
Cat-Tien-Nationalpark 39, 119
Cau Cau **16/17**, 115
Cham 54, 65, 69, 70, 71, 75, 79, 83, 84
Chau Doc **46**, 47, 49, **54**, 54, 80
Chau Giang 54
Con Dao 55
Cu Chi 29, 38
Cuc-Phuong-Nationalpark 98, 119

D/F
Dak-Lak-See 71
Da Lat 59, **60**, **61**, 61, 65, **69**, 69, 81, 95, 119
Da Nang 21, 65, 75, 77, 84, 117, 119
Dong Hoi 79, 85
Dong-Tam-Schlangenfarm 53
Do Son 115
Duong Dong 49, 55
Fan Si Pan **115**, 115, 119

H
Haiphong 115
Ha-Long-Bucht **18/19**, **100/101**, **105**, 105, **106**, **107**, 107, **113**, 113, **114**, 115, 119
Ha Long City 107, 114
Hang Son Doong (Höhle) 85
Hanoi **12/13**, **14/15**, **21**, 21, 39, **67**, 67, **81**, 81, **86–91**, 87–93, **93**, 93, 94, **97–99**, 97–99, 117, 119
Hoi An 65, **74**, 75, **76**, **77**, 79, 83, 85, 119
Hue **67**, 67, **73**, **79**, 79, 81, **83**, 84, **120**

K
Kaisergräber (Hue) 84
Kambodscha 32, 47, 53, 54, 120
Ke Bang (Nationalpark) 79
Khmer 47, 53, 54, 55, 59

L
Langbiang-Berg 70
Lang Co 84
Lan-Ha-Bucht 114
Lao Cai **104**, 111, 113
Linh-Son-Truong-Tho-Kloster 69
Long-Son-Pagode 70
Long Thanh 70

M
Marmorberge (Ngu Hanh Son) **72/73**, 75, 77, 84
Mekongdelta **16/17**, **40–51**, 40–55, **53–55**, 116, 117, 118, 119
Mui Ne **56/57**, 58, 59, **63**, 69, 71
My Son 65, **74**, 83, 83
My Tho 53

N
Nha Trang 55, **59**, 64, **65**, 67, **70**, 118, 119
Ninh Binh **92**, 99
Ninh Hoa 71
Nui Sam **47**, 47, 54, **116**

P
Parfümpagode **92**, 93, 98
Phan Rang 70, 119
Phan Thiet 59, **62**, **64**, **69**, 69
Phong Dien 54
Phong-Nha-Höhle **79**, 79, 85
Phung Hiep 54
Phu Quoc **48**, 49, 55, 119
Po Klong Garai (Cham) 65, 70
Po Nagar **4**, **64**, **65**, 65, **66**, 67, 70

Q/S
Quan Lan 114
Qui Nhon 71
Sa Dec 53
Saigon **4**, **20**, 20, **21**, **22–39**, 22–39, 53, **66**, 66, **80**, 80, **81**, 84, 93, 94, 98, 116, 117, 118, **119**, 119
Sa Pa **12/13**, **102**, **103**, 103, **104**, 105, 109, 110, **113**, 113, 115, 119
Seufzersee 61, 70
Soc Trang 47
Son Trac 85

T
Ta Cu **67**, 67, 69
Tal der Liebe **60**, 61, 70
Tam Coc 99
Tam Duong 110
Ta Van 109
Tay Ninh 34, 38, 66, **67**, 118
Thay-Pagode 98
Thoi Son 53
Thuy-Son-Berg 75
Ti Vov **18/19**, 19
Trai Mat 70
Tra Vinh 47, 53
Trockene Ha-Long-Bucht **93**, 99, 119
Truong Son 59

V
Van Don 114
Van Gia 105
Van Long Nature Reserve 99

Van Phuc 98
Vinh Long 53
Vung Tau 39, 119

W
Whale Island 55

Y
Yok Don (Nationalpark) **70**, 71, 119

Impressum

3. Auflage 2018
© DuMont Reiseverlag, Ostfildern

Verlag: DuMont Reiseverlag, Postfach 3151, 73751 Ostfildern, Tel. 0711/4502-0, Fax 0711/4502-135, www.dumontreise.de
Geschäftsführer: Dr. Thomas Brinkmann, Dr. Stephanie Mair-Huydts
Programmleitung: Birgit Borowski
Redaktion: Robert Fischer (www.vrb-muenchen.de)
Text, Aktualisierng 2018: Martina Miethig (www.GeckoStories.com)
Exklusiv-Fotografie: Martin Sasse
Titelbild: laif/hemis.fr/Bertrand Rieger (Straßenkreuzung in Hanoi)
Zusätzliches Bildmaterial: Corbis/Paul Bradbury 21 o. l., Corbis/Martin Puddy 8/9; Dover Publications 66 o., 80 o.; dpa/Johanna Hoelzl 81 o. r.; dpa/Christoph Mohr 70 o., 80 l.; dpa/J.L. Pfeifer 20 r.; DuMont Bildarchiv/Axel Krause 37 o. r., 37 u. r., 51 Mitte, 54 o. l., 54 o. r., 69 o. r., 69 u. r., 97 o. r., 97 u. r., 98 u., 113 o. r.; 117 o.; Getty/Peter Adams 81 o. l.; Getty/Hoang Dinh Nam 39 Mitte, 116 o. l.; Huber-Images/Günter Gräfenhain 12/13, Huber-Images/Richard Taylor 67 u. r.; iStock 20 o., 55 o., 72 o. r.; laif/Robert Haidinger 67 u. l.; laif/Martin Sasse 66 r.; Look/Thomas Stankiewicz 22/23, Look/travelstock44 80 r.; Martina Miethig 66 l., 67 o.l., 81 u.; Mauritius Images/Alamy 21 o. r., 67 o. r.; Mauritius Images/ib/ Gerhard Zwerger-Schoner 92 u.; Mauritius Images/Westend61 85 o.; shutterstock 66 o., 99 o.; Vectorstock 20 u. r.; www.sofitel.com 21 u. r.
Textquellen: Alain de Botton, Kunst des Reisens, Frankfurt 2002, S. 175 (hier S. 107); Graham Greene, Der stille Amerikaner, München, 13. Aufl. 2013, S. 25 (S. 25) und S. 83 (S. 89); www.zoll.de/DE/Fachthemen/Verbote-Beschraenkungen/ Gewerblicher-Rechtsschutz/Marken-und-Produktpiraterie/Schutzrechte/ schutzrechte_node.html (S. 94)
Grafische Konzeption, Art Direktion: fpm factor product münchen
Layout: Cyclus · Visuelle Kommunikation, Stuttgart
Cover Gestaltung: Neue Gestaltung, Berlin
Kartografie: © MAIRDUMONT GmbH & Co. KG, Ostfildern
Kartografie Lawall (Karten für „Unsere Favoriten")
DuMont Bildarchiv: Marco-Polo-Straße 1, 73760 Ostfildern, Tel. 0711/4502-266, Fax 0711/4502-1006, bildarchiv@mairdumont.com

Für die Richtigkeit der in diesem DuMont Bildatlas angegebenen Daten – Adressen, Öffnungszeiten, Telefonnummern usw. – kann der Verlag keine Garantie übernehmen. Nachdruck, auch auszugsweise, nur mit vorheriger Genehmigung des Verlages. Erscheinungsweise: monatlich.

Anzeigenvermarktung: MAIRDUMONT MEDIA, Tel. 0711 450 20, Fax 0711 45 02 10 12, media@mairdumont.com, http://media.mairdumont.com
Vertrieb Zeitschriftenhandel: PARTNER Medienservices GmbH, Postfach 810420, 70521 Stuttgart, Tel. 0711 72 52-212, Fax 0711 72 52-320
Vertrieb Abonnement: Leserservice DuMont Bildatlas, Zenit Pressevertrieb GmbH, Postfach 810640, 70523 Stuttgart, Tel. 0711/7252-265, Fax 0711/7252-333, dumontreise@zenit-presse.de
Vertrieb Buchhandel und Einzelhefte: MAIRDUMONT GmbH & Co. KG, Marco-Polo-Straße 1, 73760 Ostfildern, Tel. 0711 45 02 0, Fax 0711 45 02 340
Reproduktionen: PPP Pre Print Partner GmbH & Co. KG, Köln
Druck und buchbinderische Verarbeitung:
NEEF + STUMME premium printing GmbH & Co. KG, Wittingen, Printed in Germany

Lieferbare Ausgaben

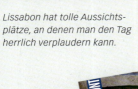

Spektakuläre Landschaftseindrücke bieten sich in Norwegens Norden vielerorts.

Lissabon hat tolle Aussichtsplätze, an denen man den Tag herrlich verplaudern kann.

Lissabon

Die Schöne am Tejo
Lissabon – das sind mittelalterliche Gassen, romantische Plätze, aber auch hochmoderne strahlend weiße Architektur: die Highlights der portugiesischen Hauptstadt in vier grandios bebilderten Kapiteln.

Sehnsucht und Trauer
Dafür steht Fado. Der melancholische Gesang ist heute so präsent wie noch nie, wir stellen die besten Fadolokale vor.

Raus aus der Stadt
Die schönsten Ziele in der Umgebung: Cascais und Estoril, Sintra, Óbidos, Batalha, Alcobaça, Mafra und Tomar.

Norwegen Norden

Von Trondheim zum Nordkap
Trondheim ist das Tor zum hohen Norden. Dahinter beginnen Weite und Einsamkeit. Für die Fahrt zum Nordkap sollte man sich Zeit lassen, der Weg ist das Ziel!

Wale ganz nah
Interview mit Geir Maan, Kapitän eines Bootes für Walsafaris, die nach Einschätzung von Biologen, die riesigen Säuger nicht stören.

Mit dem Postschiff unterwegs
5000 km, 34 Häfen und mehr als 100 Fjorde, das sind die Hurtigruten. Welche Schiffe heute auf der Route verkehren, päsentieren wir Ihnen im DuMont Thema.

www.dumontreise.de

DEUTSCHLAND
- 119 Allgäu
- 092 Altmühltal
- 105 Bayerischer Wald
- 180 Berlin
- 162 Bodensee
- 175 Chiemgau, Berchtesgadener Land
- 013 Dresden, Sächsische Schweiz
- 152 Eifel, Aachen
- 157 Elbe und Weser, Bremen
- 168 Franken
- 020 Frankfurt, Rhein-Main
- 112 Freiburg, Basel, Colmar
- 028 Hamburg
- 026 Hannover zwischen Harz und Heide
- 042 Harz
- 023 Leipzig, Halle, Magdeburg
- 131 Lüneburger Heide, Wendland
- 188 Mecklenburgische Seen
- 038 Mecklenburg-Vorpommern
- 033 Mosel
- 190 München
- 047 Münsterland
- 015 Nordseeküste Schleswig-Holstein
- 006 Oberbayern
- 161 Odenwald, Heidelberg
- 035 Osnabrücker Land, Emsland
- 002 Ostfriesland, Oldenburger Land
- 164 Ostseeküste Mecklenburg-Vorpommern
- 154 Ostseeküste Schleswig-Holstein
- 136 Pfalz
- 040 Rhein zw. Köln und Mainz
- 185 Rhön
- 186 Rügen, Usedom, Hiddensee
- 137 Ruhrgebiet
- 149 Saarland
- 182 Sachsen
- 081 Sachsen-Anhalt
- 117 Sauerland, Siegerland
- 159 Schwarzwald Norden
- 045 Schwarzwald Süden
- 018 Spreewald, Lausitz
- 008 Stuttgart, Schwäbische Alb
- 141 Sylt, Amrum, Föhr
- 142 Teutoburger Wald
- 170 Thüringen
- 037 Weserbergland
- 173 Wiesbaden, Rheingau

BENELUX
- 156 Amsterdam
- 011 Flandern, Brüssel
- 179 Niederlande

FRANKREICH
- 177 Bretagne
- 021 Côte d'Azur
- 032 Elsass
- 009 Frankreich Süden Okzitanien
- 019 Korsika
- 071 Normandie
- 001 Paris
- 198 Provence

GROSSBRITANNIEN/IRLAND
- 187 Irland
- 130 London
- 189 Schottland
- 030 Südengland

ITALIEN/MALTA/KROATIEN
- 181 Apulien, Kalabrien
- 017 Gardasee, Trentino
- 110 Golf von Neapel, Kampanien
- 163 Istrien, Kvarner Bucht
- 128 Italien, Norden
- 005 Kroatische Adriaküste
- 167 Malta
- 155 Oberitalienische Seen
- 158 Piemont, Turin
- 014 Rom
- 165 Sardinien
- 003 Sizilien
- 140 Südtirol
- 039 Toskana
- 091 Venedig, Venetien

GRIECHENLAND/ZYPERN/TÜRKEI
- 034 Istanbul
- 016 Kreta
- 176 Türkische Südküste, Antalya
- 148 Zypern

MITTEL- UND OSTEUROPA
- 104 Baltikum
- 094 Danzig, Ostsee, Masuren
- 169 Krakau, Breslau, Polen Süden
- 044 Prag
- 193 St. Petersburg

ÖSTERREICH/SCHWEIZ
- 192 Kärnten
- 004 Salzburger Land
- 196 Schweiz
- 144 Tirol
- 197 Wien

SPANIEN/PORTUGAL
- 043 Algarve
- 093 Andalusien
- 150 Barcelona
- 025 Gran Canaria, Fuerteventura, Lanzarote
- 172 Kanarische Inseln
- 199 Lissabon
- 124 Madeira
- 174 Mallorca
- 007 Spanien Norden, Jakobsweg
- 118 Teneriffa, La Palma, La Gomera, El Hierro

SKANDINAVIEN/NORDEUROPA
- 166 Dänemark
- 153 Hurtigruten
- 029 Island
- 200 Norwegen Norden
- 178 Norwegen Süden
- 151 Schweden Süden, Stockholm

LÄNDERÜBERGREIFENDE BÄNDE
- 123 Donau – Von der Quelle bis zur Mündung
- 112 Freiburg, Basel, Colmar

AUSSEREUROPÄISCHE ZIELE
- 183 Australien Osten, Sydney
- 109 Australien Süden, Westen
- 195 Costa Rica
- 024 Dubai, Abu Dhabi, VAE
- 160 Florida
- 036 Indien
- 027 Israel, Palästina
- 111 Kalifornien
- 031 Kanada Osten
- 191 Kanada Westen
- 171 Kuba
- 022 Namibia
- 194 Neuseeland
- 041 New York
- 184 Sri Lanka
- 048 Südafrika
- 012 Thailand
- 046 Vietnam